日本人と漢字

笹原宏之

知のトレッキング叢書
集英社インターナショナル

日本人と漢字

もくじ

編集協力　砂田明子
キャラクター（トレックくま）イラスト　フジモトマサル
カバー書　祥洲
装丁・デザイン　立花久人・福永圭子（デザイントリム）

第一章

変化し続ける漢字

漢字クイズからは学べないこと

ここ何年もの間、〝漢字ブーム〟が続いています。テレビでは連日、著名人たちが漢字の読み書きの力を競うクイズ番組が放送されています。漢字をネタに日本人の心を捉えて笑いをとる、アメリカ出身の芸人、厚切りジェイソンも人気です。小学生の頃から漢字に興味を抱いて、漢字にまつわる調査研究を続けてきた私にとって、たくさんの人が漢字に関心を向けるこの状況は気にかかるものであります。

テレビ局から私に、クイズ番組への出演依頼が来ることも時々あるのです。「漢字王と呼ばれる○○さんと対決してください」とか、「漢字対決の審査員になってください」とかです。ありがたいオファーなのかもしれないのですが、近頃は、とてもそんなことはできませんとお断りしています。

というのは、テレビに出るなんて、という気持ちとともに、私は漢字ブームに対して、物足りない思いを抱いているのです。辞書に載っているような漢字の知識を暗記し、披露するだけの、表面的な流行のように感じられるからです。これだけ多くの人が漢字に興味を持っているのに、その興味は、辞書が教えてくれること、そして、それらを覚えることに留まっている。それがとてももったいないと考えているのです。

辞書でわかることは、漢字に関する複雑な事実のうちの一部分にすぎません。

虾 鰕

この本で私が最も伝えたいことは、「漢字は変化する」ということです。これまでの長い歴史のなかで漢字は変化し続けてきたし、いまなお変化を止めていません。そして変化の背後には、変化を引き起こす、さまざまな心理的・社会的・歴史的要因が存在しています。

では、実際にどう変化しているのか。それはこの本全体を通して伝えていきたい大きなテーマですが、まずこの章では海や川に棲む「エビ」を例にとって、具体的に見ていきたいと思います。

概して日本人はエビが大好きです。世界でトップクラスの消費量を誇ります。おせち料理に使われるなど、めでたい食材としてありがたがり、好んで食べているわけですが、そんなエビを表す漢字は複雑な変化を遂げてきました。

古代の中国では、エビは日本語に直していうと「カ」のように発音され、「鰕」という字が使われていました。右側の旁《つくり》の部分が「カ」と発音する漢字です。そもそも、なぜエビが「カ」と呼ばれていたのかについては諸説あって、解釈が定まっておりません。一つを紹介すると、エビの殻があたかも仮面をかぶっているようだから、その仮（旧字体では假）の「カ」をとったとされます。なるほど、と思わせられる説ではありますね。

今、中華料理のエビのチリソースを表記する際などに、魚偏《うおへん》が虫偏《むしへん》に変化した「蝦《シア》」が使われています。そして現代の中国では、エビの漢字は「虾」になっています。「カ」という発音を少ない画数で表すために、旁《つくり》の部分が「下《カ》」に変化したのです。

では日本において「エビ」の漢字は、どのような変化を遂げてきたのでしょうか。

奈良時代に編纂された『出雲国風土記』に、この「鰕」が登場します。「海鼠（なまこ）、鰝鰕、海松（みる）」とある文の中に出てくるため、大エビを表す漢字と合わせた「鰝鰕」という二文字で、エビと読んでいたと考えられています。こういうところから、古代の日本では、中国から伝わった漢字をそのまま使っていた人たちがいたことがわかります。日本人は中国の漢字を、とても大切に受け入れたといえるでしょう。

と同時に、日本人には、少しでも自分たちの考えや感性に合うように物事に対して改良を重ねていくという側面もありました。現代のわれわれから見ると驚くほど自由かつ大胆に、漢字も改良を重ねていったのです。

日本人は、海外から受け入れたものを改善したり、柔軟に変えたりしていくのが得意だといわれます。漢字においてもそうした特性はいかんなく発揮されているのです。

エビという字の変遷

では日本人は「鰕」をどう変えていったのでしょうか。

中国からエビを表す漢字「鰕」や「蝦」が伝わったものの、日本人には、右側の旁の部分の意味がわかりにくかったようです。また、中国人であればこれは「カ」と読めるのですが、日本人はそのように簡単に読んで意味を理解することができませんでした。しかも「カ」という音読みが、大和言葉で日本人が発音してきた「エビ」から、かけ離れていて結びつけづらい。そこで、エビにふさわしい漢字をなんとかして見つけだそうとします。

日本人は奈良時代以前から、エビに対して、あるイメージを抱いていたようです。それは「海の翁《おきな》」――海のおじいさんです。ひげのような触角が長く伸びていて、背中の部分が曲がっている。そんな見た目が、おじいさんを彷彿とさせたのでしょう。このイメージをもとにつくった漢字表記が、現在まで使われている「海老」です。平城京遺跡から出土した木簡には、すでに「海老」という文字がいくつも見つかっています。エビ＝おじいさん＝長寿というイメージがあった。ゆえに、エビはおめでたい食べ物として、おせち料理の定番となっているんですね。

つまり日本人は、もともと自分たちが持っていた「海の翁」というイメージに沿う表記を探求して、その結果が社会全体へと広まっていったわけです。

中国人は、「音」をもとに漢字をつくろうとする傾向が強く見られました。一方日本人は、「意味」を大切にして漢字をつくる傾向をもっていたのです。これは中国と日本の漢字において、大きく異なる点です。

平安時代になると、エビは一つの単語なのだから、二文字ではなく、一文字で書きたいという意識が強く芽生えてきたようです。そして、エビはお腹の部分が長い生き物だと感

蛯 ⿰虫耆 ⿰虫長

じられたことから、「⿰虫長」という字が一部で流行りました。地名などにも使われるようになり、当時の文献などに残っています。

鎌倉・室町と時代が下ると、さらなる改良が加えられていきます。海の翁という古来の見方を活かして、虫偏に老人を意味する「耆」——伯耆《ほうき》国の耆ですね——を合わせ、「⿰虫耆」という和製の漢字が登場します。この字は、漢字を学習するための教科書であった「識字書」に記されて残っています。

そして江戸時代になると、この漢字が変形していきます。「耆」が、一般的にあまり使われない、馴染みの薄い漢字だったこともあり、「日」の部分が余計だと思われてしまったようなのです。「老」だけのほうが理解しやすい、という人々が台頭してきたのでしょう。その結果、今も使われている「蛯」という漢字が広まりました。江戸時代には漢字が書ける人、読める人が、庶民にも格段に増えたことも、「蛯」の普及を後押ししました。

ここまで簡単にエビの歴史を追ってきました。日本人は最適な漢字を探し求め、もし見つからなければ自分たちの手でつくってしまおうという気持ちで、漢字と向き合ってきたことをご理解いただけたと思います。

ちなみに「蛯」は、日本人が独自につくった漢字であり、「国字」と呼ばれています。私は漢字のなかでもとくに、この「国字」を一番の専門にしています。

漢字にも地域差がある

江戸時代につくられた「蛯」ですが、この漢字は主に、東日本で使われてきました。使用範囲は、西は尾張地方辺りまでだったのです。たとえば江戸時代の文書には「蛯江村」という地名が残っています。これは越後国の地名です。それから北海道にも「蛯谷《えびや》」があります。現在でも「蛯」のついた地名は西日本には稀で東日本に広く見られ、青森には「蛯沢」という土地に建てられた「蛯沢小学校」が存在します。

つまり、方言のように、特定の地域だけで使われる地方漢字、つまり「方言漢字」とよびうる漢字があります。

面白いことに、北海道では現在でも、この「蛯」を、地名のみならず、ボタンエビやシマエビなど、普通名詞のエビを表記する際にも使うことがあるのです。二十年ほど前、留学生を引率して北海道に行ったときに、室蘭あたりのレストランで「蛯」の字を見かけたときから、私は心に引っかかっていました。その後、調べてみるとやはり道内では、スーパーや寿司屋でも、「蛯」の字が当たり前のように使われていたのです。エビフライまで「蛯フライ」と書くほどです。そうした環境に暮らす北海道の方々は、「蛯」に違和感を持つことがほとんどないわけです。

こうした地方独特の漢字、方言漢字は、他にもたくさんあります。暮らしのなかで脈々と継承されていくこのような漢字は、日本の多彩な文字文化の一つとして捉えることができるでしょう。

さらに現代では、地域のみならず、「社会的な集団」によって、使用する漢字や、漢字の使用傾向が異なるという現象が見られます。ことばに当てはめていえば、「若者言葉」「業界用語」「コンビニ敬語」といわれるものなどが相当します。これらは、日本語学や社会言語学などの研究領域では、「集団語」あるいは「位相語」などと呼ばれます。

ことばに「集団語」「位相語」があるように、漢字にもやはり「集団漢字」「位相漢字」があるということを、各社会の文献などのほか、日々の生活で目にするもの、そして講義・演習のなかで学生たちからも教えてもらうことがあります。

十年ほど前に、日本各地の大学で、「「蛯」を何と読みますか」という簡単なアンケートをとりました。「蛯」は常用漢字ではありませんから、学校で習うことはありません。どうしてそう読むと思ったのか、ということも書いてくださいとお願いしました。すると意外なことがわかったのです。「蛯」を「エビ」と読める学生は、男子よりも女子、そして共学生よりも東京のキャンパスに通う女子の短大生に多かった。読み方を知った主なきっかけは、人気モデルの蛯原友里さんだったのです。

私がアンケートをとった当時、蛯原さんは、人気のファッション雑誌『ＣａｎＣａｍ』などの表紙を飾り、エビちゃんブームを巻き起こしていました。エビちゃんが雑誌やＣＭ

で着る服は、次々に大ヒットするという〝エビちゃん効果〟を生み出していたのです。その効果は、経済のみならず、漢字にまで及んでいたといえるでしょう。ファッションに興味のある女子大生にとっては、馴染みの深い漢字だったというわけです。雑誌やテレビといったマスメディアが教科書代わりとなって、日本中に情報を均等に、瞬時に伝達するという極めて現代的な現象も、ここでは見逃すことができません。

ちなみに蛯原さんは、宮崎県のご出身です。関東一帯で使われていたという「蛯」が、なぜ遠く九州は宮崎県の名字になっているのか、疑問に思われた方もいるかもしれません。実は、江戸時代に東日本から宮崎の地に移住した人々に、「蛯原（海老原）」氏がいて、宮崎で庄屋になったことが歴史的に明らかになっています。

一方、男子学生では、少数ではありますが、競馬を趣味とする学生のなかにも、「蛯」を読める人がいました。競馬のジョッキーに蛯名正義さんがおいでになるからでした。ちなみに彼はやはり北海道のご出身です。

このように現代では、学校での漢字教育とはまったく別に、趣味や嗜好というものが漢字の理解に深い影響を及ぼしていることがわかります。日本の漢字というのは極めて多層的です。裏を返せば、日本社会が、多彩な文化をもつ様々な文字社会から成り立っているともいえるでしょう。

ことばは変化するという現実を見よう

最近、「日本語の乱れ」、ということがしばしば指摘されます。しかし、エビという漢字表記一つをとってみても、様々に変化を繰り返してきた歴史があります。地域や位相つまり集団や場面による特色も見られます。正しい・間違っているといった価値判断とは別の次元で、ことばの変異は、確かに社会に存在しているのです。変異形が一般化することもあるのです。

日本語が乱れていると批判するのは、案外たやすいことです。そうする前に一度、なぜ変異が発生したのか、その背景にはどんな理由があるのか、「なぜ」と問いかけてみましょう。そこから見えてくるものが必ずあると思っています。

かくいう私にも、変化や変異を受け止められなかった苦い経験があります。

一九七七年に、山口百恵さんの「秋桜《コスモス》」という歌がリリースされました。多くの歌手にカバーされている曲なので、リリース時に生まれていなかった若い方でも、ご存じの方は多いようですね。山口百恵さんが哀愁漂う美しい声で、娘から母への切々たる思いを、一度聴いたら忘れられないメロディーに乗せて歌い上げた。作詞作曲はさだまさしさんで、大ヒットしました。

このとき私は中学生でした。すでに漢字が面白くなっていて、十冊くらいの国語辞典や漢和辞典から外来語や外国地名、人名に対する当て字を集めていたんです。しかし、その中に「秋桜＝コスモス」という読み方は、どの辞書を探しても載っていなかったのです。「秋桜」を「コスモス」と読ませる当て字は、あの曲が発端だったのです。この二字には、「あきざくら」や「シュウオウ」という読み方が、それ以前からコスモスの意で存在していました。ただ、あの曲でいきなり「コスモス」と読ませたんですね。

私はもう、許せなくなりました。勝手に当て字をつくるなんて！　これが音楽プロデューサーの酒井政利さんの発案だったと知るのは、だいぶ後のことです。

一人怒っている私をよそに、世間ではあっという間にコスモスという当て字が広がって、以前からあったかのように語られる、当たり前の読み方になったのです。ほどなく国語辞典にも載りました。

結局のところ、私の怒りを生み出していたのは、「辞書こそが正しい」という思いでした。漢字が好きで、辞書ばかり読んでいた私は、辞書のなかにこそが唯一の正解があるはずだと信じて疑わなかったのです。

しかし、それは真実でしょうか。

現実のことばの動きを、後追いしながら写し取っているのが辞書です。その現実のことばというのは、変化する社会の中で生きている我々が使っているわけですから、当然、変化していきます。変化していく過程で、日本人が必要と感じ、その心を捉えたことばが広がり、残り、そして辞書もそれを拾い上げ、後世へと受け継がれていくのです。ですから、辞書に載っている漢字を覚えることはもちろん大事だし、楽しいことなのだけれど、現実の変化にも目を向け、その経緯や原因を知ることも、同じくらい、あるいはそれ以上に大事だし、楽しいことなのです。個人が生み出し、小さな社会で使われて変異となる。しっくりくる人が多かったり、必要なものだったりすれば皆が使うようになっていくのです。私は今、辞書の編者としても、そうした動態を常に忘れないように心がけています。

われわれが変わるからこそ、ことばも漢字も変わっていく。それは我々が生きている証でもあります。変化が止まってしまえば、漢字は、たとえば古代エジプトのヒエログリフのように、古代文字になってしまうでしょう。そしてこの変化は、自分以外の誰かが引き起こしてくれるものではありません。私たち一人ひとりが社会のなかで必要に応じて変化を生み出し、一つひとつの場面で最適なものを取捨選択しているという自覚が大切です。「秋桜」が教えてくれることは、たくさんあるのです。

第二章

中国での漢字の誕生と変遷

右から楔形文字、ヒエログリフ、漢字で書かれた「魚」

第二章では、漢字の変化してきた経緯をより広く具体的に把握するために、漢字の本家である中国を中心に漢字の永い歴史を辿っていきましょう。

日本人が輸入し、使用してきた漢字は、中国でどのように誕生し、広がってきたのでしょうか。その歴史を辿ることはすなわち、漢字の変化の過程を追うことに他なりません。

文字の誕生

人類最古の文字は、メソポタミア文明で生まれた楔形《くさびがた》文字だといわれています。メソポタミア文明とはチグリス・ユーフラテス川流域に興った古代文明で、紀元前三二〇〇年頃に楔形文字を使い始めたのはシュメール人です。それと前後して、エジプトでも文字が誕生します。ヒエログリフと呼ばれる、ピラミッドなどに残されている象形文字です。そして少し遅れて現れた文字が中国の漢字です。いまから三千数百年前、紀元前一四世紀の遺跡から、間違いなく漢字だといえる文字が出土しています。殷王朝の中期にあたる時代です。

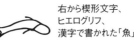

ここで楔形文字、ヒエログリフ、漢字で書かれた「魚」を紹介しましょう。

中国の魚だけが立っていますが、どことなく共通性も見て取れます。魚に限らず、山、星などの文字も似かよっているのです。こうした共通性から、漢字に対して「オリエント起源説」が唱えられたことがあります。つまり漢字は、中国で独自に生まれたのではなく、エジプトあるいはメソポタミアの文字が中央アジアを経由して中国大陸に渡ったものだというのです。ゲルプというアメリカ人が六十年以上前に唱えた説ですが、考古学的にも証明はされていません。

では中国ではどのように考えられてきたのでしょうか。

中国では漢字は蒼頡《そうけつ》という伝説上の人物がつくったとされています。蒼頡は、やはり中国の伝説上の皇帝である黄帝に仕える史官でした（ちなみに栄養ドリンク剤の「ユンケル黄帝液」は、この黄帝に由来します）。

蒼頡が漢字を発明するきっかけには、様々な話があるのですが、その古い伝承によると、鳥の足跡を目にしたことだったそうです。

当時、まだ文字のない時代にあって、人は情報を記録したがっていました。人は忘れる生き物ですから記録を残したいわけです。そこで記録の手段として用いられていたのが縄でした。たとえば人に何かを貸したとき、一回ぐるっと縄を結んで記録する、「結縄《けつじょう》」と呼ばれる原始的な方法が用いられていました。

ただし縄で記録できる情報はきわめて大ざっぱなものです。何を貸したのか、いつ貸したのか、誰に貸したのかといった細かな情報を記録することはできない。そこで蒼頡は、喋っていることばをそのまま記録できないかと考えたわけですね。そのとき、鳥の足跡を見てピンときたそうです。このように形で残せば、ことばを記録できるのではないかと。

ム

たとえば三角形の「△」という文字は、鼻の象形文字といわれています。中国人は「私」というときに、自分の鼻を指したといわれています。その仕草から、鼻を書いて、のちに「禾」（禾偏《のぎへん》）を左にくっつけて、「私」という漢字になったと伝えられています。さらに、その鼻に背く意を表す「八」という形をのせたものが「公」であるという記録も、漢籍の『韓非子』に残っています。

蒼頡の伝説は、戦国時代から広まったものです。甲骨文字が誕生した殷の時代からはすでに千年近くの歳月が流れている。この頃、日本はといえば弥生時代で、まだ文字を使っていません。中国の歴史は壮大です。

この蒼頡は、中国で昔からいくつもの容貌が描かれてきました。漢字をつくった人ですから偉大なる英雄だったのです。面白いのは目の描写です。漢字を発明するくらいだから、目が良かったと考えられたのでしょう。なんと目が四つあるのです。まるで怪人のようです。

大学で私の講義を受けていた中国人留学生は、目が四つというのはその通りなのだけど、私は学校でこう習ったと、別の姿を教えてくれました。一つの白目のなかに黒目が二つある、それで黒目が合計四つというわけです。伝説上のことではありますが、ただ者であっては漢字などつくれるはずがないという中国の人々の尊敬の念が、そうした蒼頡の図像からは伝わってきます。

現在の中国では、蒼頡伝説は一つの信仰のように捉えられることがあります。日本では菅原道真が学問の神様として崇められていて、受験の年を迎えると受験生やその家族が、福岡の太宰府天満宮や京都の北野天満宮などにお参りに行きますね。蒼頡廟が中国の陝西《せんせい》省渭南《いなん》につくられていて、それと同じように、受験生たちの信仰の対象になっているようです。

漢字の起源については、もう一つ、「漢字二元論」という説をご紹介しておきましょう。中国ではしばしば、甲骨文字よりも古い漢字が見つかったという報道がなされます。実際に考古学による研究は進んでいて、陝西省西安市の半坡《はんぱ》遺跡からは、漢字の形によく似た記号のようなものが見つかっています。矢印「↑」とか、「×」「十」みたいなものなどです。山東省寧陽《ねいよう》県堡頭《ほとう》および泰安県大汶口《だいぶん(もん)こう》にまたがる大汶口遺跡からも、さまざまな象形文字のようなものが見つかっています。

蒼頡の像
©Bridgeman Images／PPS通信社

これらはまちがいなく文字の段階にあるものだと見る人もいます。けれども現時点で、まだ解読できていません。当時の人たちがどのようなことばを喋っていたかも明らかになっていません。

こうした記号のようなものと象形文字の原形とが混ざり合って、漢字が生まれたという考え方も出てきました。これを漢字二元論とよびますが、二つがどのように融合したのか、途中のプロセスや文字などがまだ明らかになっていません。漢字の発生については、まだまだわかっていないことがたくさんあるということです。

甲骨文字の歴史

さて、ここからは名前はよく知られている甲骨文字の歴史を見ていきましょう。

中国には紀元前一七世紀には殷王朝が成立していました。『史記』に描かれていた殷王朝は、かつては伝説上のものだと思われていましたが、一九〇〇年頃に甲骨に刻まれた文字が発見され、つづけて殷墟とよばれる殷の跡地が発掘されます。そこから大量の甲骨文字が発掘されたのです。

「甲骨」とは、亀の甲羅や牛の肩甲骨のことです。昔の人はこうした、わりと面積が広くて書きでのある部分に文字を刻みつけていました。その実物が次々に出てきたわけです。

亀の甲羅は、外側の日に当たる部分ではなくて、腹側のものを使いました。

文字を刻みつけていたのは巫《ふ》です。

殷王朝の権力者は「帝」（王）でした。祭政一致の社会にあって、帝は何かを決めるに

あたっては、天（天帝、天の神様）の意を求めねばならない立場です。とはいえ帝に天の声を聞く能力はありませんから、霊能力をもつという巫に、代わりに尋ねてもらうわけです。たとえば、隣の国と戦《いくさ》をして勝てるだろうかと。

　すると巫は、甲骨に文字を彫り込みます。占いの文句を刻み込むのです。その上で、小さな穴を穿《うが》ち、その穴に、青銅などでできた棒を火で熱して差し込みます。するとボクと音を立てて甲骨にひび割れが生じる。〝亀裂〟が生じるわけですね。ひびの入り方によって、巫はあらかじめ刻んでおいた文字に対する天の意思を読み取って帝に伝えたとされています。その後、現実に起きた結果も、甲骨に刻み込まれました。この一連の文字を甲骨文字といいます。

　巫は様々なことを聞かれました。政治や収穫にまつわることから、人の病気が治るか、さらには天気まで。一方で、巫の占いが形骸化していた形跡も見られます。一応確かめた形にしておこう、という態度で、帝は巫に記録をさせることもあったようです。

　では具体的にどんな甲骨文字があるのか、紹介しましょう。

　先ほど、「ボク」と割れるとお話ししましたが、この割れる音を表したのが「卜」で、そのまま音読みで「ボク」と読みます。いま、日本では「うら」と読んで、「卜部」とか「水卜《みうら》」とか、名字にも使われています。日本テレビには〝みとちゃん〟の愛称で親しまれている水卜麻美アナウンサーがいますね。「占」の上の部分です。

（木）

（林）

（本）

（末、周代の金文）

（片）

ときには甲骨が大きく割れることもあったようです。そんなとき、その形は何かの兆しに違いないということでできたのが「兆」という字ともいわれています。前兆、兆候の兆ですね。このように占いからつくられた漢字はいくつかあり、いまも残っています。

次に「木」の甲骨文字を紹介しましょう。幹があって枝があって根っこがある。素朴ですがわかりやすくできています。これも日本では「ボク」や「モク」と読みます。この漢字は、甲骨に刻まれているものについては甲骨文字といえ、有形物の形をかたどっている点からは象形文字であるといえます。

甲骨文字が一つできると、ここから別の漢字が派生し展開していきます。二つ並べれば「林」になる。また、木の下の方の部分だといって○などの形を付けると、根本《ねもと》の「本」になります。木は象形文字、「林」は漢字を組み合わせて新たな意味を表す会意文字ですが、「本」は指事文字です。木そのものではなく、「木」に記号を加えて別の事柄を表そうとしているからです。後の時代になると木の上のほうに印を付けた字がつくられました。「末」つまり木末（梢《こずえ》）になります。これも指事文字です。「本」と「末」は相対する漢字なんですね。「本末転倒」とはよくいったものです。最後に、木を右半分だけ取ると「片」になります（これは、甲骨文字では木の半分の形ではなく、後の変化した字の形から漢代に生み出された考え方です）。

このように一つ象形文字がつくられると、そこから派生して他の文字が新たにできていくのです。ですから実際は、蒼頡一人が漢字をつくったということではないのでしょう。色々な人がつくるなかで、使いがっての良いもの、多くの人に使われたものが漢字として残っていったと考えられるのです。

漢字から見える三千年前の中国

甲骨文字は短い文章を記したものとして残っています。実物を見ると、一つの文字は一センチにも満たないのです。小さな文字を骨や甲羅にカリカリと削って記していたことがわかります。

　さて、こんな文が残っています。

　　旬亡咎
　　癸未王卜貞

「癸未」とは「癸未《みずのとひつじ》の日」という意味です。すでに十干《じっかん》と十二支（えと）が存在していたことがわかります。王が卜《うらな》（占）った。「貞」は「聴く」という意味だと考えられているので、左側は、「癸未の日に、王（巫）が占いをして天の神に聴く」ということになります。では何を聴いたか。それが右側の行につづけて書かれています。現在は、縦書きは右から順に書くのが常識ですから、違和感を覚える方もいるかもしれません。殷の時代はどちらでもよかったんですね。右から左へと書くように定まったのは周の時代からのようです。

（幸）

（辛）

その理由については後ほど説明いたしましょう。

その内容ですが、「旬」は上旬、中旬、下旬の旬で、十日間という期間を表します。この十日間に、次は「亡」ですね、これはつまり「ないだろうか、あるだろうか」。最後は「咎」（とが）で、不吉なこと、悪いこと。つなげると、「十日間に悪いことがあるだろうか」となるわけです。この文を見て、漢文を習った日本人であれば、レ点（返り点）を打ちたくなるのではないでしょうか。すでに三千年以上前の殷の時代に、中国では、現代の中国語に通ずる基本的な文法が存在していたことがよくわかります。

漢字には、三千年という年月を隔てて見出せる共通点もあれば、一方で、現代からは頭を捻るような点があるのです。

たとえば「幸」という漢字について。「幸」は甲骨文字に存在する古い漢字なのですが、『筆談ホステス』（光文社）がベストセラーとなり、現在は東京都北区区議会議員を務める斉藤里恵さんや、体全体をつかって「命」などの字を表現し、漢字を通して更生活動も行っているゴルゴ松本さんが、それぞれ面白い字解きを述べていました。いまが「辛」いのなら、それは「幸」になる途中なのだ。「辛」くても、頑張って耐えて、何かあと一つ加われば、辛が「幸」に変わるのだ。二つの文字が似ている点に着目した心温まる解釈で、ずいぶん話題になりましたから、ご存じの方も多いと思います。日本人はこうしたいい話が大好きですね。漢字を用いて美談を構築するのがとてもうまいです。

（民）　（圉）

監獄の意の甲骨文字の「圉」には、口の中にその手かせを掛けられた人が書かれた字もあった。

ところが、甲骨文字に残る「幸」の字は、学者の間ではこう解釈されているのです。これは手かせの象形文字であると。要するに犯罪者が逃げないように捕まえておくための、古代の刑具を表しているのです。では、なぜ手かせが幸せなのか。古代においては、罪人として捕まると、殺されることが多かったのです。だから、手かせで拘束されているということは、殺されてはいない。奴隷のような状態だけど、死刑にならなくてよかった、幸せだ、というわけです。また「辛」は大きな針の象形と解されています。

この話を聞いて、ショックを受けたという学生がいました。「幸」が名前に付いている人でした。ですが、三千年前の字の成り立ちやそれに対する解釈を現在も気にする必要があるでしょうか。歴史を学ぶことに大きな意味はありますが、漢字の意味も字源の解釈もまた変化を続けているという視点を持つことも大切なのです。

いまからは想像がつきにくい字源を持っていた漢字として、もう一つ、「民」を紹介しましょう。民のもとになった金文（青銅器に鋳込《いこ》まれた文字）などを見ると、目に針が突き刺さっています。おぞましい状態です。古くは、民には奴隷という意味があったともいわれています。奴隷は逃げようとする。権力者は逃がすまいと奴隷の目を潰し、働かせていたというわけです。

人権などない、そういう時代だったんですね。民主主義の民が元来こうした意味を持っていたというのは、考えさせられるところがありますが、時代とともに字義も解釈もまた

（女）

（母）

（心）

（臽）

変化している、と考えるのが健全だと私は思っています。

殷の時代（紀元前一七世紀末〜紀元前一一世紀頃）

殷の時代につくられた漢字の紹介を続けましょう。

「女」という漢字は、女性がたおやかにひざまずいた姿を表す象形文字です。それに、赤ちゃんに母乳を飲ませる姿ということで、「女」に胸を表す点が二つ付くと「母」になります。

「心」はちょっと不思議な象形文字からできました。右心房と左心房の間に、何かよくわからないものがあります。ところがあるとき、新潟の医師の方に話を聞いたら、子供の心臓は実際にこうした形をしているとおっしゃるのです。古代の中国人は、すでに遺体の解剖をしていたのかもしれません。

こんな漢字もあります。現在の「陥」は、旧字体では「陷」。この「臽」は、人が落とし穴に落ちていて、穴からはチクチクしたようなものがたくさん出ているようです。当時は、人を落とし穴に落とすことがあったんでしょうね。戦いが頻発した時代でした。

「凶」は後代に登場しました。中国語学者の藤堂明保氏によると、やはり落とし穴に人が落ちて、もがき苦しんでいる様子を表している字だといいます。もう一人、漢字学者の白川静氏はこの字をいれずみを描いた胸の形とみて、この「メ（バッテン）」は、邪悪な霊

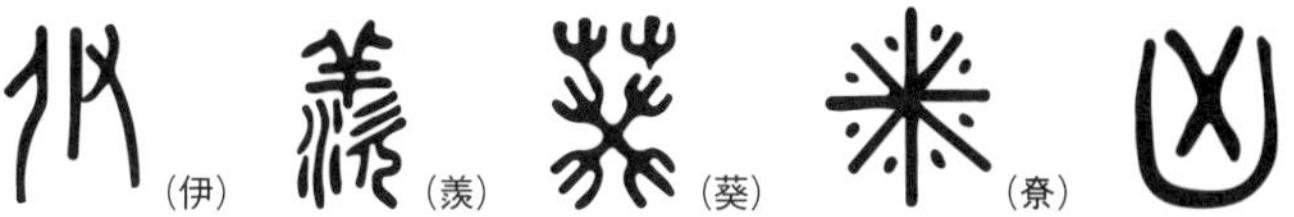
（伊）（羨）（葵）（尞）（凶）

が災厄をもたらすのをとどめようとすることを表すのだろうと述べています。お二人に限らず、傍証に基づく色々な説があるのが漢字の解釈というものです。

木を組んで何かを焼いている姿を表す象形文字があります。現在の楷書になるとかなり形が変わってしまい、明瞭などに使われる「瞭」の旁《つくり》の部分になっています。

古代に使われていた「篆書《てんしょ》（小篆）」から「楷書」に移る段階で、ちょっと無茶じゃないかと感じられるほどの変更が加えられた漢字は、他にもあります。名前の漢字として人気が高い「葵」もその一つに違いありません。草《くさ》かんむりの下は武器を表していました。下の部分がずいぶん変わりました。こうした大胆な変更も、漢字の歴史の一断面です。

「美」は、「羊」と「大」とからできた字で、甲骨文字から見られます。それに遅れて現れる、羨ましいの「羨」には、ほとんど見たままの成り立ちがあります。羊を見た人が、美味《おい》しそうだなぁと、口をあけて水（よだれ）を垂らしている――「欠」はあくびをしている姿の象形文字です――あまり素敵な字源解釈ではないかもしれませんが、この組み合わせが「羨」になりました。

一方で、現在も使われているにもかかわらず、成り立ちがはっきりしていない漢字もあります。その一つが「伊」です。殷の時代に現れ、いまでは伊藤やイタリアの伊など広く定着している漢字ですが、不思議なことに大もとの意味がわかっていないのです。

どういう意味だったと思いますかと問うと、「イタリアのことじゃないでしょうか」という答えが返ってくることがあります。イタリアを伊太利（亜）と書くのは比較的新しくできた当て字ですから、当然、違います。それから「お茶畑に人がいる意味だと思います」という回答もありました。「お〜いお茶」などを販売している伊藤園という飲料メーカーに影響されていると思われます。

どうも最近の若者たちは、歴史というものをかなり学んできたはずなのに、ここ数十年、せいぜい百年くらいのことくらいしか思いうかべられなくなっていると感じさせられることがあります。発想自体は豊かなのですが、知識を総合し、長いスパンで物事を捉えることが難しくなっているようで、教育に携わる者として課題の一つだと考えています。

周の時代（紀元前一一世紀〜紀元前二五六年）

さて、千種を超えるたくさんの漢字がつくられ使われた殷王朝は、西方からやってきた周《しゅう》人に滅ぼされます。周人は、羌《きょう》と呼ばれる人々とともに殷王朝を攻めました。羌は、上が羊で、下が人という文字です。チベット系の人々ではないかといわれていますが、周王朝では、呪術に依った殷とは異なる政治が生まれます。漢字も、神々を中心とするものから人間のものへと変わっていきます。殷代にも鼎《かなえ》に鋳込んだ金文などもあったのですが、周代には甲骨文字が早くに廃れ、金文が多く生み出されました。占いの文言を記すものから、人間が話すことばを書き表すものへと、漢字が変貌を遂げていくのです。

ここでは周の時代の代表的な思想家である孔子の『論語』を例にとって、周の時代の言語を見ていきましょう。

学而時習之、不亦説乎。

有名な一節です。日本では「学びて時に之《これ》を習う。また説《よろこ》ばしからずや」と読みますね。周代にはまだ「。」「、」などの句読点は発達していませんでした。また、漢文のレ点や、一、二点というのは、漢文を訓読するために日本人があみ出した方法です。朝鮮からの渡来人の影響も受けたようです。中国も日本も漢字を使用しているという共通点はありますが、言語体系は大きく異なります。中国語はシナ・チベット語族であるのに対し、日本語は、諸説ありますが、朝鮮語と同じくアルタイ諸語に含まれる可能性があるという説があります。ともあれ中国語と日本語は出自や系統が異なる言語グループに属しているのです。そこで、中国語を日本語の文法や順序に合わせて読むために、日本に住む人々は知恵を絞ってレ点などの返り点をふっていったのです。

孔子に話を戻し、まず、「学」という漢字の象形文字を見てみましょう。旧字体は「學」でした。上の部分には、両手が描かれています。先生の手だと考えられます。下には建物「宀」があって、そのなかに「子」がいる。おそらく学生でしょう。先生が、建物のなか

（学・西周時代）

（学・戦国時代）

にいる学生に両手を差し伸べて、何か情報を伝えようとしている。さらに、学生からも何らかの返答があるようです。「メメ」という部分は、情報が交差している様と解釈されています。つまり、先生と学生が建物の中で情報を交換するのが「学」という漢字の意味だというわけです。よくできた字で、私は大人数の講義であってもそれを努めて実践しています。

「学而時習之、不亦説乎」の意味を確認しておくと、まず、勉強して、ときどき復習する。「習」は復習の意味ですね。古代は一字で一つの単語（一音節）を表すという原則があったのです。それから「不亦～乎」は、「また～ずや」と読み、「なんと～ではないか」と訳される詠嘆の文型です。「説」は「悦《えつ》」と同じで喜ぶの意でもありましたから、なんと喜ばしいことでしょう、となります。

孔子はやはりためになるよいことを述べています。私も予習はあまり要らないと思います。なまじ予習をして授業に臨むと、身が入らないという経験はないでしょうか。一方、復習は大事です。授業中に真剣に聞いたことを、家に帰って自分なりに考え直してみる。教員の言葉をそのまま鵜呑みにするのではなく、自分の頭を使って咀嚼してみる。するとすとんと腑に落ちることもあるでしょうし、疑問が湧いてくる点もあるでしょう。そうしたプロセスが非常に重要です。学習そして学問における真実がすでに周の時代に説かれていたのです。

では孔子は、実際にはその文をどのように発音していたのでしょうか。日本の音読みに、

（典、小篆）

（冊、金文）

わりと近かったと考えられています。「ガクジジシュウシ、フエキエッコ」です。もちろんもっと子音も母音も複雑で、声調もすでにいくつかあったのですが、おおよそ、こうした短めのことばを周の時代の人々は話していた、と考えられています。

ちなみに『詩経』『書経』を編纂したとも言われる孔子は、『論語』を自ら筆をもって書いていたわけではありません。弟子たちが随行して、孔子が話したことを書き留めていったのです。周の時代は、ふだんは竹簡に文字を書き記していました。殷代からすでに筆はありました。ですから筆で、一枚一枚、書いていくんですが、多くの人は右利きですので、右手で書き、一枚が一行埋まっていっぱいになると、左手で下に置く。それを繰り返す。すると右から左へと竹簡が並ぶわけです。これが縦書きで行が進む順を決定したといわれています。すでにお話ししたように、甲骨文字の時代には、右から左へ行を改めながら書くという約束はなかったわけですが、竹簡が普及した周の時代には、行の進む方向が固まっていったのです。

竹簡を紐《ひも》で束ねた状態を表す象形文字が「冊」（册）です。殷代には柵の象形文字だったようにも見えますが、周代にはそう見える形へと変わったようです。現代でも使われていますが、当時の意味としては現在の「本」に近いものです。そして冊を机の上に置いた形が辞典の「典」になります。竹簡に由来して、こうした漢字ができあがってきました。

漢字の伝播――韓国

いま日本では、「冊」単独では「一冊の本」などと助数詞として使います。

一方、韓国では、本のことを「チェッ」のように発音します。これは「冊」を朝鮮漢字音によって韓国語で読んだものです。数を数える助数詞（現在の日本の「冊」に当たるもの）は「クォン」です。「クォン」は竹簡や紙などの巻物の「巻」の音読みが残ったものです。要するに、周の時代の竹簡の名残りをとどめる言葉が韓国ではいまだに使われているのです。殷末に、中国から箕子《きし》がやって来て王朝を建てたという伝説をもち、日本よりも前から漢字を受け入れたことの一つの表れといえるでしょう。しかし、ハングルでしか書かれなくなっているのは、どこか皮肉な感じもします。

韓国の漢字政策について簡単に触れておくと、韓国では、一九四八年にハングル専用を定めた法律ができ、一九七〇年から漢字廃止政策が強化され、学校教育から漢字がほぼ消えました。いまやほとんどすべての言葉は民族の文字であるハングルで書かれ、韓国を旅行した学生は、街で一度も漢字を見なかったと驚きの声をあげます。

そうしたなかで、二〇一四年、韓国で漢字復活の検討が報道されて話題となりました。二〇一八年から、小学三年生以降の国語の教科書には漢字を併用する可能性が出てきたそうです。韓国の場合、大統領が替わると漢字廃止、漢字復活、漢字廃止などと、一八〇度

수（水） 방（放・防）

の政策転換が行われることがありました。総理大臣が替わったから漢字政策が変更されるなんていうことは、日本では起きたことがありません。

久しぶりに韓国の教科書に漢字が戻ってくるとなると、漢字は就職に有利だというだけでなく、戻さざるを得ない社会的な状況が生まれているということなのでしょう。

韓国では、「放水」も「防水」も――意味は全く違うにもかかわらず――、どちらも「パンス」と発音します。そのため、表音文字であるハングル表記では、同じ表記になります。放水するのか、あるいは逆に水を入らなくするのか、前後の文脈で判断することはできたとしても、単語を見ただけでは判断がつかないのです。「水」を「火」に代えても同じことがいえます。「防火」と「放火」は同じ発音、「パンファ」です。

せめてハングルの後ろに括弧書きで漢字を補っておくか注記があると意味がはっきりします。日本語だと、漢字で意味が表現できるため、間違いはまず起こらない。ハングルは音だけを表すために同音語の区別ができず、こうしたことばで、深刻な誤解や事故が実際に起きているそうです。さらに抽象的な意味を表す漢語では、こうした誤解や語源・語構成・意味の不明確化が進展しやすいのです。漢字復活の動きにはこうした現状が影響しているのかもしれません。

沒 漢字をそのままの形で利用する仮借による文字。数字の1を意味する字喃。音はmột（モット）。

𡗶 漢字を組み合わせてつくった会意文字。空を意味する字喃。音はtrời（チョイ）。

漢字の伝播——ベトナム

ベトナムも、かつては漢字が使われていました。

高校で世界史を学習された方なら、ベトナム最後の王朝が「阮朝《げんちょう》」で、皇帝に「阮福映《グエン・フック・アイン》（暎）」などが在位していたことを覚えているかもしれません。実は日本よりも少し早くから、ベトナムはいわゆる漢字文化圏に編入されていました。秦の始皇帝の頃には、すでにベトナムの北部が中国の支配下に入っていたのです。一〇世紀にやっと独立してからも、ベトナム王朝は漢字を正式な文字にすえ、科挙も漢文で行いました。儒教、仏教、道教を学んだ識字者たちは、漢字と漢字を改変した字喃《チュノム》によって民族独自の詩文を記してきたのです。

とはいえ現在は、ベトナムの街なかで漢字を見つけることはほとんどありません。いまベトナム人は、ベトナム語をローマ字で書いています。植民地時代に、宿敵フランスが用いていたローマ字です。ベトナム人はフランスの支配を忌み嫌ったわけですが、ローマ字はそれ以前のフランスからの贈り物として歓迎したのです。それだけ漢字に苦しめられていた人々が多かったことがしのばれます。

そのベトナムにも「冊」という漢字の痕跡が残っています。

ベトナムでは本のことを「サッキ」というように「冊」のベトナム漢字音で発音し、助

音を表す文字と意味を表す文字を組み合わせてつくった形声文字。数字の3を意味する字喃。音はba（バー）。漢字の巴（ba）と三の組み合わせ。

する（為る）を意味する字喃。漢字の爲の画を省いてつくられた。音はlàm（ラム）。

数詞は「クイエン」です。「クイエン」にはやはり「巻」の音読みが残っています。しかしこれらもまた漢字ではなく、ローマ字で表記されるわけです。

翻って本家の中国では、本は通常、「書」となり、助数詞は「本」。一冊の本はふつう「一本書（イーベンシュー）」と表記・発音されます。書は簡体字（簡略化した漢字）で「书」となりました。ここに「巻」「冊」は残っていないのですね。つまり古い中国語は、日本、韓国、ベトナムといった中国から見て辺境に残り、中国ではその中心部から新しい語が生まれている。これは漢字文化圏の一つのダイナミズムを表しています。

また孔子に話を戻しますと、孔子は自分の思想のキーワードに「仁」を定めました。これはもともとあった語です。人を思いやることが大切だということで、『論語』のなかでも「仁」を繰り返し語っています。他に「礼」や「義」などが大切だとも述べています。

こうした孔子の思想が体系化されたものが儒教です。漢の時代には国教に制定され、その後、変質しながら中国社会を支配していくことになります。

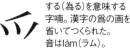

孔子には『易経』を繰り返し読んだというエピソードが残っています。陰陽五行説に基づく占いの書で、易占いのテキストともいえる書ですが、これを繰り返し読んだためにできたのが「韋編三絶《いへんさんぜつ》」という故事成語です。

竹簡を紐で束ねた『易経』を、熱心に何度も何度も読んでいたら、なめし皮の紐が切れてしまうことが三回もあった——当時の本の形態までよくわかることばです。現在は、本

右から
秦、斉、楚、三晋の「馬」

を熱心に読むこと、熱心に勉強することなどの喩えとして使われます。ちなみに「三」には、文字通りの三度と、数の多いことを表す意味用法があります。そして「編」には、右側の「戸」の下に、先ほど触れた「冊」が隠れています。「編」は「篇」と表記されることもありますが、この竹かんむりは、竹簡の名残りだと考えられます。

春秋・戦国時代（紀元前七七〇～紀元前二二一年）

周王朝の権威にかげりが見え、春秋・戦国時代を迎えると、漢字のバリエーションが次第に広がっていきます。孔子も春秋時代を生きたのですが、ことに前五世紀以降、燕・斉・楚・秦・趙・魏・韓と他の国々が乱立すると、それぞれの国ごとに、固性をもった漢字を使用するようになります。漢字文化圏は中国大陸において漢民族以外の異民族にまで広がり、字形も読み方も、多様性を帯びてくるのです。

ここでは、秦、斉、楚、三晋（趙、魏、韓）の「馬」を紹介しましょう（東京外国語大学の「好奇字展」に基づく）。国によってだいぶ違いますが、現在の「馬」と最も似ているのが秦の文字ではないでしょうか。最終的に秦の文字が残り、現代に至ったことがうかがえます。なぜ秦の文字が残ったのかといえば、始皇帝が全国統一したからで、それは紀元前二二一年のことでした。

他に、春秋・戦国時代に使われていたという「雨」と「雲」を紹介します。この雨は、後漢

（雨）

（雲）

の許慎が編んだ『説文解字《せつもんかいじ》』（西暦一〇〇年）という字書に「古文」として収められています。なぜこんなにも線、曲線とタテの点線が必要だったのか、不思議ですね。これを使っていた国が実際にあってもし中国を統一していたならば、これが広まった可能性があります。

五経の一つ『春秋』を解説した『春秋左《しゅんじゅうさ》氏伝《しでん》』、通常『左伝』と呼ばれる歴史書には、楚《そ》人《ひと》の言葉が記録されています。たとえば漢民族の「乳（ニュウ）」という語を、楚人は「穀（コク）」と言っていたことがわかります。字の意味はもちろん当て字なので違っていますが、発音が全然違いますね。それから漢民族の「虎（コ）」は、「於菟（オト）」です。於菟の一字一字には何ら意味がなく、これらも近い発音の文字を選んだだけです。

この於菟に見覚えのある方もいらっしゃると思います。森鷗外の長男が森於菟さんですね。長男が寅年生まれであることから、『左伝』より「於菟」と名付けたのだそうです。この名には、西洋でも「オットー」と呼んでもらえるだろうという狙いもありました。鷗外の本名「リンタロウ（林太郎）」という名は、外国人には発音しにくかったようで、留学先のドイツで名前を憶えてもらえないという辛い体験をしていました。

鷗外は他の子供たちにも、外国語で読みやすそうな名前を付けています。長女は茉莉《まり》さん。マリーと呼んでもらえるし、ジャスミン（茉莉花）の意味も表せます。現在、名前に付けたいという人が多い、人気の漢字となっています。次女は「杏奴」と書いてアンヌさん。「不《ふ》律《りつ》」という息子もいました。短い筆のことを「三寸不律」というように、不律にはその発音から筆の意味があることによって付けた名だ、と由来が伝わっています。

さて、各地に国が乱立し、その結果、漢字の地域による多様性が広がった春秋・戦国時代の混乱を、秦の始皇帝が統一し、収拾しました。始皇帝は中国史上、初めて「皇帝」を名乗り、「焚書坑儒《ふんしょこうじゅ》」のほか、通貨や文字の統一など様々な画期的な政策を打ち出し、実行した皇帝です。世界遺産に登録されている万里の長城の祖形や兵馬俑をつくらせたことでも知られます。

始皇帝が治めたこの秦は、「支那」の語源になっています。秦は、中国語で「チン」のように発音し、それがインドに伝わったようです。東のほうに強大な国があるらしい、どうやら「チーナ」というらしい、と。唐の時代に中国人は、インド人が自分たちの国・中国のことを「チーナ」のように発音するのを聞きます。そして「支那」という漢字を当てました。「チーナ」がヨーロッパに伝わると、さらに訛りが加わり、イギリス人は「チャイナ」と呼ぶようになりました。そして日本でも「支那」が使われるようになっていくのです。ですから、いま、「支那」という言葉には差別性があると感じている方もいるかもしれませんが、もともとは差別性などない言葉でした。ただ、日本人が戦争中、意図して侮辱的に使ったということはあったのです。そうした記憶が、いまの中国の人たちに、「シナ」という言葉は嫌だと語らせているのでしょう。言語の成り立ちにおいては、差別とは無縁のことばでしたが、時代と社会がニュアンスを変えてしまったともいえます。

秦の時代

始皇帝が行った政策として筆頭に挙げられるのが「焚書坑儒」です。「書を焚《た》き（燃やし）、儒者を坑《こう》する」という稀代の悪政で、坑は、手偏《てへん》の「抗」ではなく、土偏《つちへん》ですね。大きな穴を掘って、生きたままの儒学者たち――儒学に限らず、始皇帝の考えに合わない学者たち――を入れて土をかぶせる、つまり生き埋めにした。自分の考えに反する思想を含む書や思想家を、抹殺したわけです。

春秋・戦国時代には、さまざまな思想家が登場しました。孔子もその一人です。そうした戦乱期を力で抑えて紀元前二二一年に覇権を握った始皇帝は、国の統一を強固にするために、拠り所が必要になった。それが「法律」です。法律こそすべて、という法家思想で国を統一したわけです。李斯《りし》という法律家を重用し、彼の提案に則って、法家思想に反する儒教や道教の本などを火にくべました。

時代が下り、二〇世紀には、ナチスドイツでも焚書を行っています。ただ、この時代にはすでにたくさんの本が刊行されていましたから、政治的な宣伝としてナチズムの思想に合わない本の一部を、見せしめとして焚書したのでしょう。一方で、紀元前三世紀の始皇帝の時代は、本自体がたくさんあったわけではありません。このときに焼かれたことで、残念なことに、この世から永遠に姿を消してしまった本もたくさんあったと考えられます。

右から大篆
小篆
隷書

『五體字類』より。

それから始皇帝は、文字の統一を行います。中国では歴史上、話し言葉の統一はいまだに完成していません。現在、政府は共通語化政策を打ち出してはいますが、全土の発音を統一する、単語を統一するといったことはできていないのです。日本の二五倍以上の面積をもつ国土ですから、徹底させることは現実的にはなかなか難しいのです。

だからこそ、文字の統一は、為政者が取り組むべき使命となっていきました。漢字が統一されていれば、本や行政文書を文語のように読み書きをすることができるし、それぞれの地方の発音で理解することもできるのです。始皇帝はその名を残した先駆者といっていいでしょう。

始皇帝は漢字を、秦の地で用いられていた「大篆」を簡略化した「小篆」に統一します。李斯が記したとされる泰山刻石などが残っています。しかし行政の事務処理などが増えていくと「小篆」でもまだ書くのに時間がかかると、さらに簡略化した「隷書（秦隷）」に変わりました。隷書は、今日の楷書や行書、草書のもとになった書体です。

始皇帝のこの小篆の制定による文字政策は「書同文」と呼ばれます。「同文同軌」を目指したので、「同文」は、文字を同じくする、「同軌」とは、車の轍《わだち》の幅を同じくするという意味です。そんなことしなくてもいいじゃないかと思われるかもしれませんが、昔の車はゴムタイヤではありませんから、轍に車輪を入れて通っていったわけです。それで、国や地域が変わると、轍の幅が変わるため、突然、走りにくくなるわけです。国を統一する

辠

際は、そういった往来の支障がないように、轍の幅も統一しなければならない。それと同じように、伝達のために文字も統一しようというのが、この事業の目的でした。

様々な統一政策を断行した始皇帝は、「皇」という字を自らつくっています。過去に「帝」は存在していましたが、そこに「皇」を付け加えたのです。「皇」という字は、「王」の上に、玉《ぎょく》という宝石が飾られている状態を表すといわれています。帝よりもさらに光り輝いているのが皇帝というわけでしょう。一人称の「朕《ちん》」も皇帝自身しか使えないものと決めます。

この「皇」をつくる際に、こんなことがありました。

「皇」と似ている字があったのです。つみという意味の「辠（ザイ）」、今だと「罪」と書きますが、当時は辠（今も使う「無辜《むこ》の民」の「辜」と下部が同じ）でした。「皇」をつくる際に、罪悪の意味を持つその漢字と形が似ていることがわかった。始皇帝は多くの人々を殺害してきたから、罪の意識もあったのかもしれません。

そこで、この「辠」を廃止します。その上で、代わりに「ザイ」と読ませることのできそうな、あまり使われていない暇そうな字を探したのです。そこで見つけたのが「罪」という字で、魚を獲るための竹製の「アミ」を意味しました。この字に「つみ（ザイ）」という意味をなすりつけてしまえ、ということで、罪が「ザイ」になった。この字はそうしてツミとして使われるようになります。

「罪」の部首はあみがしら・よこめといいます。いまの「罪」に、「網」の意味はまったく残っていません。音による当て字ですから、意味がないのはしごく当然ですが、始皇帝の一存が、現在のわれわれにも直接影響を与えていることがよくわかる例です。

歴史というものは、もちろん批評することも、非難して後世への戒めとすることできますが、今から変えることはできません。タイムマシンに乗って、もしあの戦いを止められたら、といったことがときどき語られますが、考えてみれば、大昔に一つの争いがなかったとしたら、あるいは事件が起きてなかったとしたら、いまこの地球に存在しているメンバーは入れ替わっているはずです。悲劇的な出来事も含め、過去に起きたすべての歴史の結果として、いまわれわれが存在しているからです。

歴史上の出来事を恨むだけでは新しいものは生まれてこないでしょう。漢字一つをとっても、歴史を学ぶと驚くような事実が出てきます。それらは良きにつけ悪しきにつけ、自分につながっているものとして受け止めることも必要でしょう。人それぞれ考え方はあると思いますが、漢字を通して私は、歴史をそのように考えるようになりました。

道教の広まりと漢字

専制を誇った秦帝国ですが、始皇帝の息子の代には滅びてしまいます。そして紀元前二〇二年には劉邦によって漢が興るわけですが、漢代には、漢字にも激変が起こります。

変化を起こした要因の一つが、後漢にやってきた西からの影響――仏教伝来によるインパクトなのですが、その話に入る前に、漢の時代に体系化が進んだ道教について述べておきましょう。

中国三大思想の一つともいわれる道教は、老壮思想とも呼ばれます。老子は周の時代に生まれたとされていますが、実在した人物かどうかはわかっていません。『史記』を書いた司馬遷も、老子の記述については曖昧にしています。神話上の人物であるとか、あるいは、複数の人物を統合させた総称だとか、いくつかの説があります。一方、荘子《そうし(じ)》は、戦国時代の宋に生まれた思想家とされ、老子と同じく無為自然などを文学的な筆致で説いた『荘子』を残しています。

道教というのは、この二人だけがつくりあげた思想というわけではありません。もともと中国には、老子以前から、神仙思想というものがありました。天や山に超人的な仙人が暮らしているという思想です。空を自由に飛べる人だとか、不老不死の人が住んでいると信じられていて、そうした仙人への憧れがあったのです。

それからもう一つ、陰陽五行説という考え方がありました。宇宙の現象は陰と陽の二元論ですべて説明できるという世界観、宇宙観によるものです。

こうした思想や信仰に老子・荘子の考えが加わり、さらには新興の仏教の影響も受けながら組織化されていったのが道教であると考えられています。

この道教の「道」の成り立ちについては、日本では白川静氏の説が知られています。「道」は部首が「辵（しんにょう）」で、右側に「首」という漢字がありますが、この首は、文字通り人の首を意味している、と白川氏は推測を交えて解きました。

古代の中国で、異族の兵士の首を切り、その首を持って道を祓い清めた。その行為から「道」という字ができたのだろう（『新訂 字統』など）というのが、白川説です。

ところが道教では、そういった説明をしていません。たとえば唐の時代の道士で、八仙の一人とされている呂洞賓《りょどうひん》は、「道」を「首」が天然、自然の炁（気）、「しんにょう」が「行ったかと思うとすぐ止まる」意を示すとして「道」を説明しています。生首だとか、魔除けだとかいった説は、当時誰も知らなかったと思います。

白川氏は漢字と熱心に向き合い、功績の多い漢字学者ですが、やはり、漢字の字源には様々な根拠に基づいたいくつもの考え方やアプローチがありますし、その後にこうした歴史的な変化も多数起きています。一つの説だけを取り上げて、それが唯一の歴史的真実のように喧伝されがちな昨今の漢字ブームには注意が必要です。漢字への硬直化した理解は、特定の知識は増やしやすいかもしれませんが、その柔軟性や多様性への気づきや探究する喜びを削いでしまう恐れがあります。また、広範な中国に対する理解においても、誤解の多いものになる恐れがあります。

白川氏は、「すべてを疑え」とおっしゃいました。氏の説もまた疑って検証してみる、そのくらいの慎重さをもってあくなき探究心が向けられることをご自身も望んでいらしたのではないかと、私は考えたいと思っています。

さて、老子が言い残したとされる『老子（道徳経）』には、私たちがいまも見たり使ったりすることばが出てきます。たとえば「上善如水《じょうぜんじょすい(みずのごとし)》」は、日本酒の銘柄にもなっていますね。最も善い、理想というのは水のように生きることである、という意味です。水は、高い所から低い所へと流れていく。丸い型に入れればその通りに、四角い型に入れればまたその通りに広がっていく。万物を助けながらも、自らは力を加えることも自己主張もしない。それこそが自然の姿であり理想の姿だ、という道教の考え方が託されているわけです。

それから「大器晩成」も、『老子（道徳経）』に残っています。

『老子（道徳経）』には現在、戦国時代と漢代の古い写本として、竹簡と帛《はく》（絹布）に書かれたものが残っています。これらの出土はいずれも一九七〇年代以降、墓からのもので、考えてみれば奇跡的なことです。中国で版本や拓本が現れるのは唐代ですが、書物が盛んに刊行されるのは九六〇年に建国された宋の時代以降です。その間、どうやって書物を伝えてきたのか、というと原本からの写本をさらに書き写すしかなかったのです。

いま大器晩成といえば、将来に希望が持てるいいことばですよね。大きな器というのは、遅くに完成するものである。だから、才能のある人ほど開花するには時間がかかるんだ、これからだよと、背中を押される言葉です。

しかし、その竹簡と帛に書かれていることを総合すると、もとは「晩」の字ではなかったことが明らかになってきました。

古くは「免」、そして「免」と発音・用法が通じたと考えられる「曼」が使われていたのです。「大器免成」もしくは「大器曼成」だった。そして「免」や「曼」がどういう文法上の意味を持っていたかといえば、否定の意だったと考えられています。つまり大きな器というのは完成することがない。私たちが使っている「大器晩成」とはまったく違うことを老子が説いていたことが、明らかになってきたのです。

この事実を知って夢を失った方もいらっしゃるかもしれません。ですが、これも歴史を知るということです。残念に思うのではなく、二千年余りの間に生まれた大いなる誤解も漢字の歴史の一端には違いありませんから、そういう解釈の変化が起こったものとして受け取ればよいと思います。老子のことばとは異なるものの、大器は遅れて完成するという意味としてこの熟語が広がったのは、過去に多くの人が共感したからこそです。そこには後代の人間の願望が表れ出ています。同時に、老子の思想を考えれば、老子が文章の中で「完成」などと言うものかな、とも思うことでしょう。

いずれにせよ、たった一字の違いが、大きな意味の違いを生むのも漢字の面白さの一つといえそうです。

漢——仏教の伝来と漢字〈前漢〈紀元前二〇〇年〜紀元後八年〉、後漢〈二五年〜二二〇年〉〉

漢の時代は、思想や宗教に大きな動きのあった時代です。これまで紹介してきた道教が民衆の間で人気を博する一方で、儒教は国教として認められます。始皇帝には弾圧されたわけですが、前漢の武帝は官職として「五経博士」を設けるなど、儒教を国の思想として位置づけました。

そしてもう一つ、見逃せないのが後漢以降の西方からの仏教の伝来です。

仏教という、中国にはなかった外来の思想を取り入れるにあたっては、思想を形作ることばごと取り入れる必要がありました。しかしインドは、いうまでもなく漢字を使ってはいません。フェニキア系の文字が使われていました。この漢字文化圏にはない高度な考え方を受け入れるにあたって、それまでの漢字が大いに揺さぶられることになります。

まず中国人は、仏教を開いたとされる人がゴータマ・シッダールタとかブッダと呼ばれていることを知って、いろいろな当て字を考えます。たとえばブッダには「浮屠（フト）」。あまり意味の良くない字を用いた当て字です。この選択には中華思想がにじみ出ていると解釈する人もいます。その後、「佛陀」も現れ、定着していきます。

「佛」は当時すでに、ぼんやりしているものを意味する熟語として使われていました。「彷佛《ほうふつ》」の佛に通じたのです。人偏の字のその発音を借りたのでしょうが、ほのかにしか見えないものとして、佛陀と当て字されたとも考えられます。後代に「仏」という異体字も生まれます。

それからお坊さんのことを「僧侶」といいます。元はサンスクリット語の「サンガ」で、集合、共同体を意味する言葉でした。このサンガに当てられたのが「僧伽《そうぎゃ》」で、個々の僧を僧侶と呼ぶようになりました。京都サンガFCというプロサッカークラブがありますが、こんなところにサンスクリット語の名残を見ることができます。

「世界」という単語も、仏典から生まれた言葉です。「世」とは何か。時間のことです。「界」とは何か。空間のことです。この二つを合わせ、時空を包含した「世界」という壮大な言葉がつくられたのです。今や大きく意味が変わっていますが、仏教が生んだ言葉でした。

また、外来の仏教用語を漢字で訳す際は、必ずしも一つに決定できるわけではありませんでした。たとえば「パンニャー」という言葉が入ってきます。知恵（智慧）という意味のパーリ語（サンスクリット語の俗語）です。これを漢訳するにあたって訳経僧の間で意見が分かれました。音で当てたい人は「般若」がいいだろうと言う。一方で、それでは意味がわからないではないかという意見も出ました。発音は全く変わってしまうけれど「智慧」と訳すべきだという主張もあったのです。中国人は発音重視の傾向があるという話を以前にしましたが、そのなかでも、もちろん意味に着目すべきという意見は存在していたのです。結果的にどちらも残ることになり、日本にもその両方が入ってきました。

数多くのお経を翻訳した、二人の仏教漢訳者（訳経僧）を紹介しましょう。一人は鳩摩《くま》羅什《らじゅう》という、四世紀から五世紀にかけてたくさんの経典を訳した僧です。西域の亀茲国《きじこく》の人で、いわゆる観音さまを「観世音菩薩」と訳したのは彼でした。どちらかというと、意味に着目して漢字を選んでいて、パンニャーも発音によるすでに見られた「般若」のほか「智慧」という訳を用いました。一方で、唐の時代に活躍した玄奘《げんじょう》三蔵──『西遊記』の三蔵法師として知られる僧ですが、実在しました──は、音訳という方法をしばしばとっています。パンニャーに「般若」を用いたのは原典の発音に基づく訳といえます。また鳩摩羅什が「観世音菩薩」と訳したところを、彼は、「観自在菩薩」と訳しています。唐の皇帝の名に含まれた「世」を避けたためともいわれています。

日本では「観世音菩薩」が使われることが多いですが、流布している玄奘三蔵訳の『般若心経』を読むと、「観自在菩薩」が残っている。そこでは、「般若」も使われています。

サンスクリット語の漢訳

仏教とともに伝わった人名やことばに対して、漢代以降それに当てる漢字が一つひとつ検討されていくわけですが、ある漢字の発音の面を考えた当て字、つまり音訳をするのみならず、適切な意訳が見つからない場合には、新たに漢字をつくることさえもありました。たとえば「マーラ」という、釈迦の悟りを妨げる魔神がいます。さてどうするか。ラに

魔

は「羅」が当てられました。「マ」には、悪いことを意味する文字を使いたい。発音では「麻」がぴったりなのですが、その意味を表すには弱い。そこで「麻」の下に亡霊の類を表す「鬼」を加えて、「魔」をつくってしまいました。いまや睡魔だとか悪魔だとか、いろいろな使われ方をしている漢字ですが、最初は、仏教の「マーラ」を指すためだけの漢字だったのです。仏教の伝来によって、われわれが習う漢字が一つ増えたわけです。

次に「マハー（ｍａｈａ）」と「ダーナ（ｄａｎａ）」がどのように漢訳されたかを見ていきましょう。

世界史やインドの歴史、文学を学んだ人であれば、「マハーバーラタ」や「ラーマーヤナ」というインドの叙事詩を覚えているのではないでしょうか。この「マハーバーラタ」にも使われている「マハー（ｍａｈａ）」とは、「偉大な・大きい」という意味で、偉大なバーラタ族のことでした。「マハーラージャ（マハラジャ）」とは偉大なる王、大王、「マハートマー・ガーンディー（マハトマ・ガンジー）」とは偉大なる魂・ガンジーです。これらの「マハー」には、音から「摩訶《まか》」が当てられました。「摩訶般若波羅蜜多心経」、摩訶不思議の摩訶で、現在でもけっこうよく使われる漢字です。

次の「ダーナ（ｄａｎａ）」は、面白い展開を見せました。

「ダーナ」とはサンスクリット語で「施す」「与える」「贈る」という意味です。インドのサンスクリット語やパーリ語は、インド・ヨーロッパ語族に属していて、元を辿ると英語やドイツ語、フランス語と同じ言語（祖語）だったと考えられています。よって単語によっては英語との類似性が残っているのです。「ダーナ」と共通の語源をもつ英語は、「ドナー（ｄｏｎｏｒ）」で、提供者の意ですね。発音も似ています。臓器の提供者などに使われる言葉で、まさに施しをする人といえます。

では中国人は「ダーナ」にどんな漢字を当てたか、といえば「檀那」の二文字です。ここから派生して「檀家」という言葉も生まれました。お寺に施しをするわけですから、元々の意味は受け継がれているといえます。

しかし、この檀那が日本に入ってくると、意味合いが変化していきます。檀那は檀那でも「うちのだんな」とか「そこのだんな」とか、さほど施しをしないような一般の男性をも指す言葉に変化していったのです。「檀」の字が面倒だと、「旦」だけを書くことも増えていきました。かくして、現在は常用漢字にも入っている「旦」を用いた「旦那」がすっかり定着するに至りました。「ドナー」と「旦那」が同じ語源だとは、漢字だけ見ると想像もつかないかもしれません。これは、漢字が意外にも語源の情報を隠してしまう一面を示す例といえそうです。

書体の変化

漢の時代には、漢字の書体の変化も進みました。秦の時代に「隷書」が使われ始めたと

右から篆書、隷書、草書、行書。『五體字類』より。

すでに述べましたが、漢ではこの隷書の普及が広がり、「篆書」を用いていた時代に比べて、格段に速く書けるようになったのです。さらに隷書は、「古隷」から波磔《はたく》（波のような払い）をもつ「八分《はっぷん》」へと形を変えます。隷書によって漢字の形は円形を失うなど、小篆から大きく変わりました。これを「隷変」といいます。その変化を見てみましょう。たとえば「魚」という字は上に示すように変わってしまったのです。

ちなみに隷書から「草書」が生まれます。隷書を続けて書いて大きく崩したものが草書でした。やや崩したものが「行書」です。そして最後に生まれたのが「楷書」で、魏晋南北朝時代（一八四〜五八九年）から隋・唐（五八一〜九〇七年）の時代にかけて成立していった書体です。

それからもう一つ、漢の時代にはある革命的な生産が起きています。紙の発明です。教科書では蔡倫《さいりん》という後漢に活躍した宦官《かんがん》が紀元一〇五年に発明したとされています。蔡倫が樹皮やぼろ布、魚の網などの材料を、砕いて梳《す》いて紙の製造法を発明したといわれていますが、実際には、蔡倫の生きた時代よりも早い前漢の時代に、紙と呼ばれるものは作られていて、中国でその証拠の品がいくつも出土しているのです。

つまり蔡倫は、紙を実用に耐えるように、より使いやすいように改良した人なのだろうと考えられ、いまでは彼を改良者だと考えるのが一般的になっています。そうして漢代には、竹簡や木簡、あるいは高価な絹に加えて、まだそれほど質が良いものではありません

○印が波磔。曹全碑より。

が紙が使われるようになっていきました。

いまわれわれは文字あるいは漢字を、絶対的な正解のあるもの、だから間違ってはいけない確固たるものとして捉えがちです。ですが、甲骨文字のように動物の骨にナイフで刻み込み、ざらざらの紙に動物の毛などでつくった毛筆に墨をつけて書きつけていた古代の人を思うとき、本来的に正しい漢字なんてあったのだろうかと疑問に思うのではないでしょうか。歴史を学ぶことは、物事を相対化して考えるために必要不可欠なことです。

日本語に残る、サンスクリット語の影響

仏教伝来にともなって新しい漢字がつくられていったわけですが、これまで紹介してきたように、難しめの漢字もありました。現代に生きる私たちがそう思うだけではなくて、昔のお坊さんたちもそう思っていたようです。

たとえば「菩薩」という漢字を書くのは面倒だなと感じた人がいたのでしょう。菩薩ときちんと書くことより、菩薩をさっと書き留めて、その心を知ることに時間を費やしたほうがいいと考えたのかもしれません。お坊さんたちは合理的な精神をもちあわせていましたから、手間を省こうと、略字を使うようになります。唐代の写経などをみると、「菩薩」は、異体字で書かれたほか、「艹艹」と「草かんむり」しか書いていないことがあります。さらに「𦬇」という略字もできています。二文字を一文字にしてしまう「合字」と呼ばれ

るものです。

漢字は美しい文字ですが、楷書は速記には向いていません。草書のように崩すと、なかなか読みづらくなる。写経やノートなどでたくさんの文字を速く書かなければいけない僧侶の知恵として略字が生まれてきたわけです。こうした略字は日本にも入ってきて、抄物《しょうもつ》書《が》きと呼ばれるようになります。そしてこの抄物書きが、平安時代に日本で誕生するカタカナ（片仮名）やひらがな（平仮名）の一つのヒントになった可能性が大いにあります。

日本の漢字の歴史をお話しする第三章で詳しく説明しますが、漢字の〝片〟側だけを取り出して書いたことに始まるのがカタカナです。中国の先の略字同じように日本でも、お坊さんが素早く漢字を書くために編み出した文字でした。一方で、漢字を平易にしたのがひらがなで、平安時代の宮中に勤める女性たちによって洗練されていきました。

カタカナとひらがなは、いずれも「仮名」という漢字が付いていることが示す通り、仮の文字です。名は字を指しました。では本当の文字は何かといえば、それは漢字でした。当時の日本人は、漢字こそが「真名《まな》」であるという意識を持っていたからこそ、仮名（かりのな→かんな→かな）と名付けたのです。

驚くのは、唐の時代の僧侶たちが書いていた略字が、奈良時代以前から、そして現在の日本でも使われていることです。知り合いのお坊さんによりますと、仏教系の大学に通う学生は「菩薩」と書くとき、当たり前のように略字を使うのだそうです。そして愛着を込

めて「ササ菩薩」と呼んでいると。これも江戸時代にすでに使われていた呼び名です。「ササ」や「井」と書くのすら大変だという人は、合字の「井」まで使うのだそうです。

この事実を知ったときには驚きましたが、さらに、新しい略字ができていることに、文字は人々によって変わっていく現実を再認識しました。また、早稲田大学では「仏教美術」を教える講義があるのです。教授が次々と仏像の名や仏教用語を使うので、学生はノートを取るのが追いつかない。そこで「観音菩薩」を「KNBS」と書く人が現れました。まさに現代の抄物書きではありませんか。

これらのいくつかは第一章で述べた「位相漢字」と捉えることもできるでしょう。特定の集団のみが特定の場面で使う文字だからです。今後も新しい位相漢字が生まれる余地は大いにあります。これらについてもさらに研究を続けていきたいと考えています。

これまで、仏教による漢字の変化を見てきましたが、サンスクリット語についてもう少し触れておきましょう。

仏教とともに中国に渡ったサンスクリット語（梵語）は漢字を用いて訳され、日本には基本的に、この漢訳された語が入ってきました。しかし、実は、漢訳される以前の文字も日本に伝わっています。それは梵字の一種、悉曇《しったん》文字（シッダマートリカー文字）です。

梵字で母音を書いた上欄をご覧ください。平安時代の人はこれを目にしていたのですね。そこに日本語を当てはめてみたら、ちょうど「あいうえお」が当てはまった。梵語の母音は、この五音だけではなくて、その間に他の音もあるのですが、音声の特徴をしっかりと捉えて並べられたものでした。日本人はその表から「あいうえお」だけを抜き出す形にしたら、その順になったというわけです。さらに子音も同様に、梵字の配列順を利用しました。「あかさたなはまやらわ」という順番もまた、梵字のリストに拠るものだったのです。誰もが知っている五十音図にはそういう由来がありました。

日本人はインドからことばについてもこのように大切なことを教わっていたわけですが、多くの日本人はこの事実を忘れてしまっています。

遼代の石刻から。

（イン）

壮大なる仏教漢字

面白い字を紹介しましょう。上の字を目にしたことはあるでしょうか。一筆で書けます。「イン」と読みます。『釈摩《ま》訶《か》衍《えん》論《ろん》』という仏教書のなかに出てくる字です。唐、または新羅でつくられたとされるもので、インドにはなかったいわゆる偽経なのですが、真言宗の開祖、弘法大師空海が日本に持ち帰っています。

この第八巻に、たくさんの「イン」が書き連ねてあるんです。何が書いてあるかというと、人の像をつくりながら「インインインイン……」などと一万遍以上唱えると、その像に様々な変化が起こるといったことが書いてある。ちょっと怖い呪文ですね。このお経は、『大蔵経』に収められていますが、口という字を五個書く「ギン」も同様に使われています。仏教は文字をつくるとともに、密教などで神秘的な世界をもつくりだしていたことがうかがえます。

『華厳経』のなかには、「卍」が紹介されているほか、「不可説不可説転」という単語が出てきます。これは、数の単位なのです。ものすごく大きな単位を表していて、算術書に出てくる「無量大数」よりも大きいのです。

小学生で数の単位を習いましたね。一、十、百、千、万……。それから億、兆、京、垓《がい》、秭《じょ》、穣《じょう》、溝《こう》、澗《かん》、正《せい》、載《さい》、極《ごく》、恒河沙《ごうがしゃ》、阿僧祇《あそうぎ》、那由他《なゆた》、不可思議、無量大数と続いていく。「那由他」などお経に由来するものが含まれます。一無量大数というのは10の68乗ということになります。つまり1のあとに六十八個もゼロが書かれるというもので、これらを用いることで宇宙空間にある全分子が記述できるとされています。いまでも無量大数を覚えた子供は、得意になって使うものです。

仏教の経典にはこうした途方もない数字がしばしば出てきます。お釈迦様が入滅されてから五十六億七千万年後に、衆生を救うために弥勒菩薩（マイトレーヤー）が現れるとされます。地球の歴史はまだ約四十六億年といわれています。

先の「不可説不可説転」に至っては無量大数をはるかに超えて、10の約37澗乗とされています。逆に小数のほうも仏教語を加えながら「清浄」（10のマイナス21乗）まで整備されています。仏教というのはつまり、こうした途方もない概念を説明しようとしてきまし

㗊（ギン）

⿵門神　⿱⿰叫叫⿰叫叫

た。根底には、お釈迦様の徳の大きさと世界の様子を表現したいという切なる思いがあったのでしょう。

さて、仏教の世界が民衆とともに広がりを見せていくなかで、負けていられなかったのが道教です。仏教では『大蔵経』などの経典集が編まれていきます。お釈迦様の教えに、後代の新たな解釈などを加えていった仏教経典の集大成です。同じように道教でも経典が集められるようになっていき、時代はくだって明の時代には『正統道蔵』が編纂されています。老子から始まった道教の教えを集大成したものです。

ちなみに大きな図書館には、『大蔵経』のほか『道蔵』も置いています。一文字一文字きちんと印刷されて書棚一面に並んでいる。それらは今では全文が入力されて、コンピュータに入力できなかった文字のリストまで公開されています。先日『道蔵』のそれを見ていたら、「何だ、これは？」という字にいくつも出合いました。当然、辞書にも載っていない。読み方も書き順もわからない、不気味ささえ漂う字もあります。「⿵門神」や「⿱⿰叫叫⿰叫叫」と「叫」を四つ書いた字もあり、呪符かもしれませんが、いつか文脈を辿って意味を突き詰めたいと思っています。ほかにも流れる雲のような形の字も見られます。道教の文字も、実は思わぬところで、われわれが使っている漢字にも影響を与えているかもしれません。

このように人間は昔から、何かを説明するために、あるいは表現するために、さまざまに工夫を凝らして漢字を使い、またつくりあげてきたのです。

三国、六朝時代

さて、西暦二二〇年に漢が滅びると三国時代がやってきます。魏・呉・蜀が覇権を争う、三国志でお馴染みの時代です。

日本でたまたま同じクラスで、孔明君と玄徳君に会いました。それぞれ親御さんが熱烈な三国志ファンだったとのことで、前者は日本では時々お見掛けする名前です。

三国時代になると、波磔のきいた隷書を日常的に用いる時代が終わりを告げ、いよいよ楷書の時代が幕をあけます。三世紀になってようやく、楷書で書くということがスタートしたわけです。そして日本に漢字が伝わるのは、漢の時代頃です。中国で篆書が日常的に使われていたのは漢の前の秦の時代までなので、日本人は「〇」のような円形のパーツを含む篆書を実用の文字として直接習うことはほとんどなかったと考えられます。中国で現れ始めた楷書の影響を受けながら、日本人は本格的に漢字を取り入れていったのです。

三国時代から六朝時代（魏晋南北朝時代）における漢字の特徴を、あと二つ挙げましょう。一つは俗字が多くつくられたことです。俗字とは、民間で、あるいは日常で使われているものの規範的にみて正しくない漢字を指します。国がバラバラに分かれて戦いに明け暮れている時代ですから、国ごと、あるいは地方ごとに漢字が変えられ、またつくられていったのです。

蘓

たとえば「蘇」という漢字がありました。この字はいろいろな意味があります。草かんむりが付いており紫蘇《しそ》の蘇でもありますし、他の植物を表すこともあります。「よみがえる」という意味で動詞で使われることもありますね。しかし、なぜこの字で「よみがえる」のかが字面からはわかりにくい。

魚と、穀物を意味する禾偏とは、逆のほうがよい、バランスもよいだろうと言い出す人もいました。そうして「蘓」という俗字が生まれたわけです。

それから、「よみがえる」として使うのなら、もっとわかりやすい字にするべきだと考える人も現れました。よみがえるというのはつまり、一度死んだものが生き返ることだ、というわけで、「甦」という字が生まれます。これは会意文字、つまり二字以上の漢字の字形や意味を合わせてつくられた漢字です。漢民族は、中国語としての音《おん》を元にした形声文字を好んでつくり、使ったのですが、ときにわかりやすさを追求した会意文字をつくることもありました。

いま日本では、「甦生」などの「甦」は音読みで、「コウ」と読まれることが多いのですが、本来的には「ソ」と読みます。「蘇」の俗字としてつくられた成り立ちが、日本でもかろうじて残っているのです。

とりわけ日本人が好むようになった俗字というものもあります。その一つが「花」です。草が化けて「花」、ということで、本来の「華」よりも、わかりやすかったのですね。「華」

椛 糀 𠵅

も使われていますが、植物の花については「花が咲いた」と、こちらを使うのが一般的です。日本では「喧嘩」は「喧𠵅」と江戸時代にはよく書かれたほか、「糀《こうじ》」「椛《もみじ》」などの国字（椛の「かば」は「樺」の異体字としての用法）によく利用されました。一方、本国の中国では「花」を構成要素に入れ込むことはほとんどありませんでした。

もう一つ、三国時代の特筆すべき点は、漢民族以外の異民族たちも漢字を使い始めたことです。周代よりもその範囲は広くなっています。

たとえば北方には、鮮卑《せんぴ》と呼ばれるアルタイ系の言語を使う騎馬民族が勃興します。魏が滅びた後、北魏を建国した民族だといわれています。この鮮卑族は、くつのことを「クヮ」のように発音していたそうです。一方、漢民族では「リ」（履）のようにいっていました。発音が全然違う。それでも漢字を使いたかった。ではどうするか。日本人の発想だと、「履」と書いて「クヮ」と読めばいいじゃないか、ということになるのですが、そういう訓読み的な発想を鮮卑族や漢民族はしなかった。

そこでこう考えたわけです。騎馬民族の鮮卑は革でできたくつを履いている。革を部首にして、旁《つくり》を「化」とすれば表せるぞ。これらを組み合わせて「靴」として、「クヮ」と読ませればいいじゃないかと。

つまり、いまわれわれが使っている「靴」は、鮮卑語ないし鮮卑語起源の漢語のためにつくられた漢字だったのです。これが広まって日本にも流れ込んできたというわけです。

犹蠕

先の、「甦」なども、彼らがつくり、よく使ったことで広まった可能性があります。

「鮮卑」という漢字からわかるように、「卑」という字は、漢民族にとって、異民族を表現するのに使いやすい字だったようです。『魏志倭人伝』に登場する日本の卑弥呼にも、この文字が使われています。その音に近い字が他にあまりなかったためとも、中華思想の反映ともいわれています。鮮卑は進んで漢化政策を進めました。

最後に、異民族に対して使われていた漢字をいくつか紹介しておきましょう。時代は進みますが、七～八世紀頃にチベットに建てられた王朝には、「吐蕃《とばん》」という字が使われています。そのほか、「蠕《ぜん》」など虫偏、「犹《いん》」など獣偏《けものへん》がしばしば用いられました。

科挙

三国時代、その後の南北朝時代、そして隋を経て唐が建つと、漢字文化が一つの頂点を迎えます。楷書も変転を重ね、異体字がさまざまに生まれましたが、唐の時代になるとある程度の集約が見られます。書道でも、四大家と呼ばれる人たち——欧陽詢《おうようじゅん》、虞世南《ぐせいなん》、褚遂良《ちょすいりょう》、顔真卿《がんしんけい》（顔真卿を除いて、初唐の三大家と呼ぶこともある）——が登場し、味わいのある楷書をそれぞれの書風で書き上げます。そういう中で楷書が完成したわけです。

こうした時代にあって漢字の統一に寄与したのが、科挙という、国家公務員の登用試験です。隋の時代から始まり、唐の時代に体系化されて、清代末まで続くことになります。

皇帝を支える官僚組織の人事が情実で決められていたら、早晩、機能しなくなることは誰にでもわかることでした。広大な版図《はんと》を治めるためには門地を問わず、実力のある人材を全国から平等に集めることで、官僚組織を盤石化する必要がありました。そのために採られたのが科挙という試験制度です。

試験ですから、採点基準が必要になります。つまり試験問題に対して、国家的に正・誤を定めねばならず、文字においても「正しい字」を提示しなければなりません。必然的に、たとえば先に述べた俗字などは正しくないものとして排除されていき、正しい文字の枠組みが明確化していきました。それらはいわゆる正字などを示す『干禄字書《かんろくじしょ》』などの字様書や儒教の経典を刻み込んだ石経によってうかがうことができます。

実際に、科挙はどのような試験が行われていたのでしょうか。試験の形式によって大きく分けると、主に次の三つから構成されていました。

一つは穴埋めなど知識の確認です。『論語』『春秋』など「四書五経」とよばれる書物のなかの文章が、試験では、虫食いの状態で出てくる。それを埋めるにはそのすべての文章を一字一字暗記していなくてはいけません。知識と記憶力を問う試験だといえるでしょう。天賦の才のほか、記憶力を高めるには根気や集中力、そしてある程度の経済力など、付随してさまざまな力が必要となります。

次が論述です。結局、学力を測ろうとすると、暗記と論述、この二つになるのはいつの世も変わりないことのようです。現代日本の受験でも同じような試験が繰り返されていますね。二〇二一年の大学入試からセンター試験が廃止されることが決まっていますが、その他の力を適切に測ることもまた必要となることでしょう。

小論文を書かせると、思考力や論理性、応用力、そして文章力などが読み取れます。これらは暗記力とはまた次元を異にする能力であることは確かですが、次第に文章が定型化していくことも指摘されています。

「国家を安泰に導くための策を述べよ」というお題が出たとします。まず受験者は、「四書五経」など、教科書となる書物を引用することが必要となります。その上で自らの考えを述べるのですが、時の皇帝の批判などは絶対にできない。必然的に、誰が書いても似通った内容の論文になりがちなのです。そして形式面でも明や清の時代には、「八股文《はっこぶん》」と呼ばれる、科挙の答案独特の紋切り型の文体が求められるようになりました。

これは現代の学生にも当てはまる現象だと思います。私は講義で考えたこと、気づいたことをペーパーに書かせるのですが、どこかで習った型にはまった文章を書く学生が少なくないのです。よくあるのが、「気づいたことは三つあります」と書いて、順に一番めは、二番めは、三番めは、と列挙する形式です。なるほど、よくまとまっていますし、読むほうもわかりやすいのだけれど、本人の個性や独自の発想は感じ取りにくいものです。文章の組み立てや流れというものは、必要に応じて〝崩す〟ことも大事なのだと感じます。

そして三つめが、詩作。国家公務員になるためにポエムをつくるなんて、これは現代のわれわれの感覚では少し理解しにくい試験だと思いますが、とりわけ唐の時代では、詩作は科挙試験の重要科目とみなされるほどでした。

詩作で何を見るのか。芸術的センスを見るようにも感じますが、唐の時代、詩には定型が確立されていました。ですからやはり、まずは過去の詩を覚え、型を押えていることが求められたのです。その上で、美的表現力のようなものも評価されていたと考えられます。

唐詩

ここで簡単に、唐の詩について説明しておきましょう。唐代に「五言律詩」という詩の形式が完成します。五言（五字）の句が八句からなる漢詩です。有名なものに杜甫の「春望」があります。安史の乱（七五五〜七六三年）によって長安が荒廃し、杜甫が反乱軍に幽閉された際に詠んだ詩です。ご存じの方も多いと思います。

国破山河在（国破れて山河在り）
城春草木深（城春にして草木深し）
感時花濺涙（時に感じては花にも涙を濺《そそ》ぎ）
恨別鳥驚心（別れを恨みて（んで）は鳥にも心を驚かす）

烽火連三月（烽火三月《さんげつ》に連なり）
家書抵万金（家書万金に抵《あた》る）
白頭掻更短（白頭掻けば更に短く）
渾欲不勝簪（渾《すべ》て簪《しん》に勝《た》へざらんと欲す）

下には日本語の書き下し文を載せました。白文（漢字だけ）でもなんとなくでも意味がわかりますね。「三月」を「サンゲツ」と読むところも面白い。「サンガツ」でいいのではないかと思われる方もいるかもしれませんが、「三か月」という意味を表すためです。いまでも裁判所で言い渡される判決文では、「禁錮三月（サンゲツ）」のように発音します。明治の漢学の遺産でしょうか、漢文の読み方はいまだに意外と残っているわけです。

この五言律詩を唐代の人々がどう読んでいたのか。その発音が学問的な種々の証拠と手続きに基づいて復元されています。残念ながらここでお聞かせすることはできませんが、講義では学生たちに聴いてもらっています。そうすると綺麗に韻を踏んでいるということが、よくわかるのです。先人の作に対する鑑賞力のほか、そうした標準的なことばについての知識や理解力も、科挙では確認していたのかもしれません。

五言律詩の場合は、偶数句末が韻を踏むというルールがありました。つまり「春望」では「深《シン》」「心《シン》」「金《キン》」「簪《シン》」と韻を踏んでいる。唐代の長安では、「—im」と響きも声調（アクセント）もそろっていたのです。ところが日本の書き下し文になると、語順が変わり、多くは訓読みになってしまうので、押韻さらには一字ごとの平仄《ひょうそく》といっても何のことやらわかりません。いわゆる文選《もんぜん》読みも定着しませんでした。中国人がとても大事にした整然とした音の美しさというものを、ここでは日本人は捨てて、意味をとることを選んだ。日本人の意味優先という特徴がここにも垣間見えます。

「上書き保存」の中国

音《おと》に敏感な中国人、という話をこれまでに何度もしてきていますが、発音に対する彼らの自覚もまた、仏教伝来によってより磨かれていくことになりました。サンスクリット語との比較のなかで、自らが使っている中国語の発音が意識化され、研究が進むことになります。訓詁《くんこ》学、文字学に続いて「音韻学」という学問研究が、六朝時代以降、盛んになっていくのです。

彼らが自覚した大きなことが、中国語には声調がある、ということでした。中国語を習ったことのある方は、四音の発声練習を何度も繰り返したことと思います。日本人にはなかなか難しい。第一声がまっすぐで、第二声は右上がり、第三声は一度下がって上がる、第四声は下がる。ことばで簡単に説明するとこうなります。

こうした声調は分類や調値は違ってもおそらく古来あったのですが、中国人自身、命名するわけでもなく当たり前のように会話で使っていました。それを、サンスクリット語と比較するなかで、子音がある、母音や韻母がある、そして単語ごとに声調があるということに気づいていくわけです。比較あるいは相対化して物事を客観的に考えることの大切さがよくわかります。

そうして、「韻書」と呼ばれる発音辞典がつくられました。その最初が、隋の時代に編纂された『切韻』（六〇一年）です。全国から学者が数人集まって、標準的な発音はこうだと議論してつくりあげたということが、序文などに書かれています。裏を返せば、六〜七世紀のこの時代に、すでに多様な発音が存在していた、広大な中国の各地でそれだけ読書用の発音や方言が使われていたということもうかがえます。

ちなみに、中国では、こうした立派な辞書や本がつくられると、すぐに、それを増補したものが登場する傾向があります。たとえば、まずオリジナルの『切韻』がつくられる。いい辞書だな。だけど、収録されている漢字が少ないな。ちょっと増やしてあげよう。ということで別の人が『唐韻』（七五一年）をつくる。すると『切韻』は次第に姿を消していきます。次に、『唐韻』はいい辞書なんだけど、不足や間違いがあったので直してあげようと、『広韻』（一〇〇八年）が出ます。唐の時代にできたのが『唐韻』で、宋の時代にできたのが『広韻』です。『広韻』が普及すると、『唐韻』は散逸していったのです。

このように常にバージョンアップを繰り返していくことが中国の歴史上しばしば観察さ

れます。そのたびに古いものは消される——いわば、〝上書き保存〟がなされてしまうのです。なぜ古い書物が失われていったかというと、古い写本をあまり大切にしなかったから、もう一つは戦乱が多かったために古い書物ほど燃えたりしてなくなってしまったからです。そうなると、それぞれに記された経過がわからなくなってしまう危険性があります。

一方、日本には、新しいものが生まれても、古いものは古いもので大切に残されていく傾向にあります。むしろ、一番初めに記された原本や古い写本こそ重要視される場合もあるくらいです。いわば日本は〝別名保存〟をすることの多い国です。これは漢字の受容についても大いに当てはまります。唐の則天武后がつくらせて使わせた「圀」なども日本で人名などで使われ続けました。その辺りは次章以降で詳しく述べたいと考えています。

科挙から生まれたもの

最後に、もう一度科挙に話を戻しまして、科挙から生まれたことばをいくつか紹介しましょう。

合格すればエリート、宋代以降は、文人のほか地主も兼ねた士大夫《したいふ》への道が約束されるわけですから、科挙の試験には中国じゅうから我こそは、という逸材たちが集まります。外国からも登用を目指して受験者がやってきました。結果、受験戦争は苛烈を極めていく。その戦いを勝ち抜いた人、なかでも、これまで合格者を出したことがないような田舎から初の合格者になったような人を「破天荒」と称するようになりました。

現在では、何か大胆で豪快な様を「破天荒」と呼ぶ傾向がありますが、本来的には違っていて、「誰も成し得なかったことをすること」を含んでいました。が、ことばは変わっていくものですから、この「誤用」が辞書に載る日も遠くないのかもしれません。

最近、〝ビリギャル〟が話題になりました。書籍の『学年ビリのギャルが1年で偏差値を40上げて慶應大学に現役合格した話』（ＫＡＤＯＫＡＷＡ）は一〇〇万部を超えるベストセラーになり、映画も大ヒットしています。偏差値30だった女子高生が、慶應義塾大学に合格するまでの汗と涙のサクセスストーリーですが、彼女がもしその高校で初の快挙であったなら、現代の破天荒といえるかもしれません。

お恥ずかしい話ですが、成績のよくない子を勇気づけられるかもしれないので書きましょう。私にも似たような経験があるのです。

私は小学校高学年の頃から漢字が気になるようになり、漢字を眺めたり漢字の本や語書を読んだり、いろいろと辞書らしきものをつくってみたりと、漢字にまつわることばかりしていました。一方、高学年の頃まで、授業はそこそこ聞いていましたが、それ以外の勉強はまずしなかったのです。家では、嫌な学校の教科書など聞いて勉強などすまい、という変な信念を持っていて、それを貫いていたのです。また、試験前に勉強するなんて卑怯だ、なんてことさえ、正当化しようとしたのか、思っていました。怠けぐせのある私にとって漢字に関することは、勉強ではなく楽しみでした。

そんな生活ですから、国語はそこそこ得意だったのですが、当然ながら高校は進学校に行けるはずもありません。さらに高校でも塾に行かず、学校の勉強をしない生活を続けていたら、都立高校一年生の最初の実力テストで、ある重要科目で偏差値29・5という数字を叩き出しました。こんな数字が出るのかと、びっくりするとともに、さすがにまずいぞと焦ったのですが、たまたまかもしれないとも思って、次の試験まで、やはり漢字にばかり力を注いでいた。野球観戦も好きなので、正確に記録に残そうとスコアブックを付けることにも打ち込んでいました。数か月後の試験で、偏差値30台と通知する結果を再び目にしました。

高校二年生になってあることを契機に、必死に勉強するようになりました。進学校ではない、のんびりした高校ですから、わからないとなると中学生で習う内容であっても丁寧に教えてくれる。親身に教えてくださる先生にも恵まれた。それがよかった。乾いたスポンジがいくらでも水を吸収するように、授業内容も頭に入るようになりました。孔子の述べたとおり、復習は理解と定着を促してくれました。そして孔子は、さらに「学びて思わざれば則ち罔《くら》し」と自分で考えることも大切だと述べています。一つ理解するといろいろと考えられるようになり、他教科ともどんどんつながっていくのです。わかりだすと楽しくなって、自分でも参考書や問題集を買って積極的に学習するようになりました。

そうこうしているうちに、高校三年生のときに、その科目で校内偏差値99・9が出たのです。驚きました。その後毎回99・9が出るから、そんな偶然があるのかと不思議に思って先生に尋ねると、要するに二桁と小数点一桁しか表示できないのだとのこと、私の高校のコンピュータは、そういう仕様だったのです。

偏差値なんていうのはもっと人数が多くないとあまり意味がないそうですが、ともあれ偏差値は29・5から99・9に上がった。その差は七十余り。その科目では、ビリギャルさんより振り幅が大きいのではないか、もしかしたらギネス級ではないかと密かに思っています。

ただ、偏差値が上がれば万事幸せかといえば、そうでもないのです。睡眠時間を削って漢字の知識も活用し、猛勉強をして教科でオール10をとるようになると、風邪をひきやすくなり、体育だけはどんどん下がっていった。紙の試験で測られる勉強ばかりしていると、人間、体力がなくなるのでしょうし、体育の教員からは気力に欠けるように見られてしまったようです。物事には必ず、良い面と悪い面がある。人間の力や価値なんていうのは、やはり数字一つで一概に測れるものではないなと悟りました。そうやって〝天国〟を見たり〝地獄〟を見たりしながら、高校生活を過ごし、やっと大学受験を終えたわけです。

話がそれましたが、受験は科挙と共通するところがあります。公平を目指した科挙も、必ずしも良い人材ばかりを選抜したわけではなかったと思いますが、試験では、とにもかくにも正しい文字を書くことが求められました。明らかな誤字があると実際に減点されたことが分かっています。そうした試験に対応するために、いまでいう参考書、虎の巻のようなものが編纂されます。ただ、現代のように本が流通している世の中ではありませんから、長安に出てこないとなかなか情報が手に入らない。漢民族以外の人々も受験しましたが、田舎の人は大変で、地域格差が生まれたわけです。そうした熾烈な競争を勝ち抜いて、最もよい成績を収めることを「圧巻」といいました。最優秀者（状元）の答案は、他の人の答案（巻）の一番上に置かれたんですね。他を圧するから圧巻というわけです。

何としても合格したいと、カンニングをする人も現れました。世界史の資料集などでご覧になったことのある方もいると思います。カンニングするための策がいろいろと弄されて、清代には「夾帯衣装《きょうたい》」と呼ばれる、カンニング専用服までつくられたのです。豆粒みたいな字で、服に「四書五経」と注釈の数十万字がびっしりと書いてある。

これを着込んで試験に臨めば、穴埋めなどもよく解けたことでしょうが、カンニングが発覚すると、本人のみならず一族までもが処刑される例もあったようでしたから、命がけでこんな服を着たのかどうか、疑問は残ります。「夾帯衣装」は、実際のカンニングに使われたのではなく、お守りだったという説もあります。いずれにしろこの服もまた、中国史のなかで確かに生み出された漢字文化の一つの結実だということはいえるでしょう。

ここまで、主として唐代までの漢字の歴史を振り返ってきました。この後、宋、元、明、

国

清と漢民族と異民族による王朝の興亡が続きますが、印刷術と出版業の発達、読者層の拡大、西洋との接触による変容を除くと、漢字における大きな変化が見られなくなっていきます。そして中国社会そのものも、大きな変化や進展がなくなり、近代化につながるきわだった発明も減少していきます。科挙に落ちた人の中からは、太平天国を興し、そこで用いる漢字を「國」から「国」へと改めた洪秀全が現れました。もちろんこの後も異体字が派生したり、新しい漢字がつくり出されたり個々には変化が続いていき、中華人民共和国では識字層を拡大させるために簡体字が採用されましたが、なおも漢字に関する動きは見られます。漢字はどこかの時点で完成したというわけではないのです。もし、漢字が変わらなくなったという事態に至ったならば、それは、社会が安定するだけでなく、停滞するということとなのかもしれません。

では、日本の漢字はどのような歴史を辿ってきたのでしょうか。次の章でそれを追うことにしましょう。

第三章

日本の漢字の変化と多様性

日本語の多様性

一つの単語があります。それを表記するための文字は一種類、というのが、世界の大原則です。言語一に対して文字も一、ですね。英語、中国語、韓国語、ベトナム語、アラビア語など、いずれもそうなっています。中国語のローマ字（ピンイン）は、あくまでも補助的な文字にすぎません。個々の単語でも書き方まで定められています。

ところが日本語の場合はそうではない。たとえば「くま」という動物がいます。どんな表記を思いつくでしょうか？　人によって、そして場合によって、異なってくると考えられます。

小学一年生になったばかりの子ならば「くま」と書くでしょう。まだそれしか覚えていないでしょうから。大人なら「熊」と漢字で書く、そうでしょうか。たまに下を「心」と書いてしまう人がいます。一方、動物園や図鑑などでは「クマ」と表記されていることが多い。

また、どんな「くま」をイメージするかによって、表現方法が変わってきます。

森の中で大きくて凶暴なくまに出会ったとしましょう。命の危険を感じるくらい野性味溢れるものならば、「熊」と漢字で書くのがふさわしいように思います。それに対して剝製になったものはどうでしょうか。リアルだけど、生物として眺めるだけのものであれば、

「クマ」とカタカナで書きたくなりませんか？　一方で、可愛らしいぬいぐるみであれば「くま」とひらがなが似合っているように感じられないでしょうか。

　このように表記に多様性があるのが日本語のきわ立った特徴です。しかもいたずらに多様性を持たせているのではなくて、私たちはしばしば使い分けています。世界中を見渡しても、二通り、あるいは三通りの表記法を持っていて、それらを使い分けるという言語を探すのはきわめて難しいのです。

　さらにメールなどでは、「絵文字」や「顔文字」が広く使われるようになっています。ただでさえ多様性があるのが日本語の文字体系、表記体系なのに、まだ足りないと感じる人が多いのです。

「よかったね」と書いた後に、こんなふうに「(^^)」ニコニコしている表情を添えるなんてことがよく見られます。よかったねということばに加えて、さらに私は怒っていないよ、喜んでいるよという感情や状況を、記号を組み合わせた絵でもって伝えようとする。ことばでは表しきれない微妙な情報を伝えようとしているのです。携帯電話（ケータイ）にはたくさんの絵文字が用意されていますし、最近は、ＬＩＮＥではスタンプが人気です。喜怒哀楽をはじめとする多種多様な感情や心境、挨拶などの日常会話を表現するイラストです。絵文字や顔文字は、アメリカ人や中国人なども使わないことはないのですが、日本人のほうがその種類と使用頻度は抜群に高い。公的な場面にまで進出しつつあるくらいです。

日本語における多様性は、漢字のなかにももちろん見られます。日本語の漢字における多様性を説明する前に、まずは、その歴史を簡単に遡ってみましょう。

日本語の歴史

日本は二千年ほど前まで、文字を持たない無文字社会でした。弥生人は、間違いなく日本語の元になることばを喋っていました。縄文人は記録がないのですが、縄文土器や竪穴《たてあな》式住居、立派な銅鐸も残っています。ああいったものをつくる際も何らかのことばを発していたはずです。

ですが、話し言葉は音ですから、後に残らない。縄文人、あるいは文字を持つまでの日本列島に住む人々がどんなことを感じ、どのように考えていたのか、われわれには具体的に知る由はありません。残念なことです。

実は、古代の日本にも文字があったのだという説もあります。二千年以上前に、「神代文字」と呼ばれる文字があった、伊弉諾尊《イザナギ》と伊弉冉尊《イザナミ》、天照大神《アマテラスオオミカミ》ほかの時代に神々が文字を使っていたという考え方です。もちろん漢字が伝来する前の時代が想定されています。

これは江戸時代に、しきりに唱えられるようになります。国学者と呼ばれる人たちの一部が中心になって広めました。ある神社で、こんな神代文字を発見したなどと具体的な記録が残されていますが、すでに江戸時代のうちに否定説が強まり、いまや日本語学界では

「かんのわのなのこくおう」
などと読まれている。

音韻などの面から完全に否定されています。おそらく、漢字に対抗して、後代の人が捏造したものなのだろうと考えられていますが、特定の集団に存在する位相文字として位置づけることは可能です。

そういうわけで、日本の古代に文字はなかった。一方、中国では、三千数百年前から漢字を使い始めていたことは、第二章で見てきたとおりです。

では、日本人はいつ漢字と遭遇したのでしょうか。

それは、おおよそ一世紀頃だと考えられています。漢字が書かれた日本最古の出土品は、有名な金印、「漢委奴国王印」です。江戸時代に、福岡県の志賀《しか》島で発見されました。後漢の時代西暦五七年に光武帝が日本に贈ったという記録が『後漢書』に残っていますが、その通りに発見されたのです。篆書で記されており、現在では国宝に指定されています。

これを見た日本人は、冊封体制を広げる中国の圧倒的権威に慄《おのの》いたのではないかと思います。豪華で美しい純金に、見たこともない文字が記されているわけですから。その後、中国大陸や朝鮮半島から渡来人が船に乗ってやってくるようになります。彼らから漢字を習い、また、彼らが携えてきた文献を、日本人は懸命に読み解いていきます。

当時、日本人は、ふだんは大和言葉だけを話していました。和語とも呼ばれるものです。たとえば高く隆起した土地を「やま」と言っていた。ところが中国人から漢字を習うなかで、同じものを中国人は「サン」のように言っていること、そして「山」という漢字を書いていることを知ります。それから日本人はこう考えた。「山」と書けば「サン」だけではなく、「やま」と読ませることもできるのではないかと。これがすなわち、訓読みです。

大和言葉と対応づけて、漢字に訓読みを生み出し、定着させた点が日本の漢字の特徴です。これは日本と同じく中国から漢字を受容した韓国がまず行い、日本より遅れてベトナムも行った方法でしたが、日本のような複雑な展開を見せることなく衰退していきました。

いま日本では、これだけ漢字が生活に根付いているので、中国語と日本語は近い言語のように感じている方もいるかもしれませんが、そんなことは全くありません。大和言葉と漢語・漢字は何の関係もなかったのです。第一章で述べたように中国語はシナ・チベット語族に属する言語です。一方で日本語は、アルタイ色の強い言語だと考えられています。出自が違うので、文法も違えば単語も発音も違う、すべてが違う言語だったのです。

にもかかわらず漢字を何とかして取り入れようとしたのは、隣の中国に圧倒的な力をもった文明が栄えていたからです。そして、相容れないような二つの言語の架け橋になったのが、訓読みという方法でした。

訓読みの始まり

邪馬台国はどこにあったのかという論争があります。九州説と畿内説などが激しく対立し続けていますが、この「邪馬台」という漢字は中国人が当てたものだと考えられていいま

倭

す。何に当てたかといえば、日本人が言う「やまと」に、という説が古代語の発音の面からは有力です。「やまと」とは、山（やま）処（と）という意味だと考えられていて、山の裾野、山の麓のあたりという普通名詞が地名になり、さらには小さな国の名前になっていきました。

この「やまと」という名を聞いて、中国人は発音が近い漢字を当てた、それが「邪馬台（国）」と考えられるわけです。ですから「邪」や「馬」に、ある種のイメージは付随したとしても意味自体はないのです。これまでお話ししてきたように、中国人にとって漢字で大切なのは〝音〟なのです。彼らにとって漢字は、音読みで語を表記する文字だからです。それから「卑弥呼」という漢字も同様に当てられました。日本に「ひ（ぴ）みこ」のように発音されるような女性がいた、その人に対して「卑弥呼」という三字が当てられたのです。なぜ「卑」が使われたかについては、前章で触れました。

ただし、先ほど金印をご紹介したように、中国人は邪馬台国とはおそらく関係なく、日本のことを「倭」と呼んでいました。金印では人偏《にんべん》（亻）が省略されていますが、『魏志倭人伝』などでは「倭」が用いられています。

なぜ「わ」だったのか。はっきりとしたことはわかっていません。一つの説としては、中国人が初めて会った日本人が、一人称として「わ」と言った、「わ」と話す人が現れたから「倭」を当てたというものがあるのですが、定説になってはいません。

後に、漢字を学んだ日本人が辞書などを見て、「倭」の意味を知ります（詳しくは『漢字に託した「日本の心」』参照）。意味は二つあり、一つは背が小さい。確かに漢民族と比べると概して少し小さかった。もう一つが、柔順すなわち性格が穏やかで人の言いなりになる、でした。これも日本人っぽいなと感じる人もいるかもしれません。こういう意味の漢字ではいやだと、当時思う人がいたようです。屈辱的に感じたのかもしれませんし、もっとぴったりのものをと願ったのでしょう。奈良時代になると、万葉仮名、訓読み、国字などを交えて漢字を使いこなす人が増えてきますから、自らの手で自分たちにふさわしい字を見つけようという機運が高まったことも背景にあると思います。

そうしてできたのが「和」です。奈良時代に日本人が選んだ漢字です。文字感を一新する当て字を使って自己主張ができるようにまでなったんですね。

「和」は、すでに聖徳太子が「和を以《もっ》て貴しとなす」で使っていたとされる漢字です。日本人は、中国の仏典などからこの漢字を学んでいました。皆で和やかに暮らす、皆で仲良くするという意味を大切なことと考え、気に入ったのでしょう。良い意味を持つ「和」に、自分たちの領地などもそれなりに大きいのだという自負を込めて「大」を付けて、「大和」となりました。「大倭」は飛鳥時代にはすでにありました。

「大和」を「やまと」と読ませるのは、すでに訓読みのレベルを超えています。これは「熟字訓」という、二文字以上の漢字からなる熟字（熟語）を訓読みする方法です。例えば「大人（おとな）」や「明日（あす・あした）」「飛鳥（あすか）」もそうですね。日本人が本格的に漢字を使うようになったのは五世紀から六世紀頃といわれていますが、それから二百年たらずの間に、熟字訓を使いこなすまでに成長を遂げていました。

熟字訓は意味に着目してつくった当て字です。当て字というと、マイナスなイメージを受ける方もいるかもしれませんが、そうとは限りません。実際、日本人は当て字が大好きです。漢字とニュアンスを大切にすることが要因です。単語の周辺に広がり、背後に潜む意味やイメージを感じ取ることに長けていて、そうしたニュアンスを表現するものとして、当て字が使われてきました。ニュアンスが大事で、それを表現したいという発想が遥か奈良時代にはすでに存在していたのだと知ると、日本人に脈々と流れるものが、たとえるならばＤＮＡにまで刻み込まれている様を感じずにはいられません。そして現在もなお、さまざまな当て字が生まれていますが、その話はまた追っていたしましょう。

音読み～仮名の誕生

中国人はおそらく「やまと」に対し、「邪馬台」という漢字を当てたというのは前述したとおりです。「意味」が好きな日本人ではありますが、この、発音に対して漢字を当てる方法を模倣することもありました。たとえば「山」は「也《ヤ》」と「末《マツ》」を利用すれば「也末」と書けます。

「也末」をどんなときに使ったのかといいますと、漢字を学ぶ僧侶たちは、師の話を急いでノートにとる必要がありました。師の話を聞きながら、お経などの漢文の中の「山」を「やま」と読むことを初めて知った僧は、「山」の隣に小さく「也末」と書いておいたことでしょう。ゆっくり書き込んでいる時間がないから「也末」の一部だけを書いて「ヤマ」のようにする人もいた。狭いスペースでもこれで読めるじゃないか、となる。もうおわかりかと思いますが、万葉仮名から生まれた文字の一つがカタカナです。

漢字の主に読みを利用した万葉仮名の片方の部分だけを引き出してつくった文字ですから、「片仮名」と呼ばれたわけです。奈良時代の終わり頃には現れ始めています。

一方で、万葉仮名を草書体に崩して書く人たちも出てきます。第二章でも触れたとおり漢字は典雅な文字ですが、その分、書くのに時間がかかる。楷書は画数も多めで日常で急いで書くには実用性が低い。また大和言葉は概して音節数が長いので、それを何文字も書くととても手間がかかります。そこで速く書くために、万葉仮名を草書以上に崩してもっと簡単に、かつ美しく洗練させていった人たちが現れました。そこには宮中の女性たちがいたのです。そうして生まれたのがひらがなと呼ばれるものです。

「平仮名」と書かれるように、「仮名」を簡単、平易にしたもの、という意味が込められています。「仮名」というのは、「仮《かり》（の）名《な》」「かんな」が短くなって「かな」になったといわれています。「名」とは文字の意味です。日本人は文字を持っていなかったため、文字に当たる大和言葉がなかったのです。そこで中国での呼び方の「名《メイ》」を訓読みして使いました。ですから「仮名」というのはつまり「仮の文字」、自分たちのつくったカタカナ、ひらがなを仮の文字と呼んでいるわけです。では何が本当の文字かといえば、すでにお話ししたとおり、漢字です。「仮名」に対して漢字は「真名」と呼ばれました。カタカナ・ひらがなはあくまでも仮の文字です、と自称するところは、とても日本人らしいと思います。奥ゆかしさを美徳とする態度が文字の名に現れているようですが、その真の価値を意識させにくくなってもいます。

これと対照的なのが韓国のハングルです。ハングルは、朝鮮語を表記する表音文字ですが、できたのは一五世紀と比較的新しい民族の文字です。韓国ではいま、ほとんど漢字が使われなくなっています。ですから韓国人にとって、ハングルがほぼ唯一の正式な文字なのです。ハングルという名称も百年余り前に現れたものですが、この「グル（クル）」は文字という意味です。漢語の「契」が変化した語ともいわれています。「ハン」には「韓《ハン》」からとする説など、いくつか説があるのですが、韓国で一般的なのは「偉大な」という解釈です。つまり「偉大な文字」、韓国の人々の心意気が伝わってきます。自らがつくった文字を「偉大な文字」という一方で、仮の文字ですよ、といっているのが日本人で、どちらが良い、悪いではなく、それぞれの国民性が表れているようにも思えます。

表記の多様性

九世紀の頃、平安時代の初期には、漢字、カタカナ、ひらがなが使われるようになっていました。日本人は、新しい文字ができても古い文字を上書きせずに、共存させる傾向がありました。

貴族の男性たちは、日記などを書くときには基本的に漢字を使って漢文のような文章を書きました。しかし宮中の女性たちはほとんどひらがなばかりを使う。それによって『枕草子』や『源氏物語』といった素晴らしい文学作品が生みだされました。「をかし」や「あはれ」は、漢字で書くとニュアンスが変わってしまいかねません。近い意味の漢字を当てることはできるけれども、「(しみじみとした)趣がある」という意味を、ぴったりと表すことは難しいでしょう。「をかし」「あはれ」と喋っているとおりに書き表す文字が発明されたことで、「をかし」「あはれ」をそのまま紙面に残すことができたのです。

現代の日本語の文字を考えると、この三つだけではありません。もう一つ使われているもの、それはローマ字です。

たとえばファクスは、「ＦＡＸ」とローマ字で書く人が多くなっています。「ＦＡＸを送ってください」などと書かれる。ＦＡＸは英語 facsimile を短縮したものですが、まだ純然たる英語だと意識している人はあまりいないのではないでしょうか。つまり外来語になっているのです。外から入って来たことばなので外国語ではなく、外来語、日本語の一つなのです。発音も日本語らしく変わっています。

日本人がローマ字を使い出したのは一六世紀のことでした、鉄砲が伝来し、ポルトガル人がキリスト教の布教を始めてすぐの時代です。日本人はすでに漢字、カタカナ、ひらがなをときおり交ぜて使っていて、飽和状態のようにも思えるのですが、ローマ字がいいなと思う人も現れます。たとえば一六世紀の安土桃山時代に、『平家物語』を口語体に訳してローマ字で書いた『FEIQE MONOGATARI』が九州の天草で出版されています。

日本人は、外国の文化を受け入れるのが得意な国民です。良いものは取り入れよう、そして、自分たちに合うようにアレンジしてしまおうという意欲が旺盛なようです。漢字やローマ字の受容にも、その特徴がよく表れています。

ローマ字で書かれた『FEIQE MONOGATARI』が残っていることで、ありがたいことに、当時の発音をうかがい知ることができます。タイトルが示すように、いまは「へいけ（へーけ）」と発音するところを、昔は「ふぇいけ」と言っていたのです。他の資料も合わせて考証することで、一六世紀頃には「へ」を、唇をすぼめて「ふぇ」と発音していたことがわかっています。これは、漢字やひらがな、カタカナだけではなかなか残せなかった情報です。ローマ字で表記してくれたために、当時の発音がいくつも復元できたのです。多様性は実に多くの副産物を生み出してくれます。

外から入ってくるものには柔軟な態度を示す日本人ではありますが、何でも取り入れたわけではありません。たとえば奈良時代には、仏教とともにインドのサンスクリット語の梵字が伝わっていました。お坊さんたちは早速、梵字を練習し、分析も始めます。宗派にもよりますが、いまでもお墓にいくと、卒塔婆《そとうば》（そとば）が立っています。「ストゥーパ」という、積み重ねるという意味を持つ梵語に、中国で漢字が当てられて卒塔婆になりました。「塔」はそのために造字されたものでした。

この卒塔婆に書かれている、漢字ではない文字は梵字です。読めない人でも、どこかありがたく感じるものでしょう。こういう形で吸収し、残っている文字はあります。それから第二章でお話ししたように、梵字の表は日本語の五十音図のもとにもなりました。

とはいえ、「あいうえお」など日本語を梵字で書くということは広まらなかった。一般に使われる文字としては定着しなかったのです。タイ文字、アラビア文字なども料理店などで看板に見かけますが、同様です。

外国文化を好みがちな日本人ではありますが、何でもかんでも適当に、無節操に取り入れたというわけではない、ということは、指摘しておく必要があります。

卒塔婆に書かれる梵字の一つ「バン」

意味を大事にする

さて、いまローマ字は、必ずしも外来語のみを表記する文字ではなくなっています。

例えば「Hな話」という表記を使ったり、見かけたりしたことはないでしょうか。明石家さんまさんがテレビ向けに意味用法を拡大したのですが、ローマ字がフィットする、ローマ字がなかったら生まれなかった表現です。

なぜ「H」とローマ字で表記をするのでしょう。一つの有力な説を紹介すると、「変態」の頭文字をローマ字にしたのだというものがあります。戦前にすでにあったともいいます。しかし、なぜ変態をローマ字で書いたのか、そういえば中国や韓国でも隠語でこの二字のローマ字（biantai、byeontae）の頭文字をとって「BT」と略すことがあります。

講義で大学生に問いかけてみたら、「二人の人がくっついているように見えるから」という面白い答えがいくつも返ってきました。「H」というアルファベットにそのような意味はもちろんないのですが、文字の形状から意味を類推することを日本人はしばしばしてしまうようです。

有名な話として、「人」という字は、二人の人が支え合っているから人なのだ、というい話があります。これ、誰が言い出したのでしょうか。多くの人がテレビドラマで金八先生が語っていたので知ったといいます。金八先生の影響力は大変大きくて、この説が「人」という漢字の字源だと信じている人は少なくありません。

しかし、金八先生〝発〟ではなくて、最初に言い始めたのは新渡戸稲造でした。教育者である新渡戸が、戦前に広めた話だったのです。子供たちに漢字を教えるときに、道徳的

な意味を含めて教えると、覚えてもらいやすいし教育上もよいだろうと考えて、そうしたエピソードをつくって話し、本にもよく書いた。ただ、彼が立派なのは、自分が教えているのは漢字の成り立ちではなくて、あくまでもお話、物語だということを、子供たちにきちんと説明しているところです。そこまで説明をしなかったドラマを見た人たちは字源について誤解を生む結果になってしまった。その点は気になるところです。見る側のわれわれも、マスメディア発の情報を疑い、真実を見抜こうとする目を持つことが必要です。

ここで、実際に「人」はどのような由来でつくられた漢字なのかを説明しておきましょう。元々古代中国では、一人の人が左横を向いて手を伸ばしている、「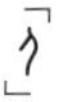」という字でした。支え合ってなどなく、独り立ちしている。中国人は漢字に対して、割合にドライといいますか、あっさりしています。漢字を受け入れた日本人のほうが、漢字に愛着を抱いて、一歩踏み込んで、さまざまなニュアンス、意味やストーリーをつくり上げているように感じられます。

漢字は表意文字ともいわれますが、意味好きの日本人は、少し特別な使い方をしています。たとえば電化製品のスイッチなどについている「切」という字を皆さんは、どのように読んでいるでしょうか？　意味は一〇〇％わかりますが、何と読むのでしょうか？

正解を知っているのは電機屋さんだろうと思って、電機屋さんにエアコンの修理に来てもらったときに聞いてみました。そうしたら正式なことはわからないと。その道のプロもわからないということは、誰も決めていないのでは、と他であれこれと探しても、やはり正解は見つからない。表語文字を通り越して、漢字が本当の意味での表意文字、つまり記号のようになっているという例です。

もう一つ挙げましょう。ディズニーランドなどのテーマパークの入り口には「大人」「小人」と表示されています。銭湯などでも見かけます。これらを何と読んでいますか？　辞書には「だいにん」「しょうにん」と載っていますが、実際にそう読んでいる人は少ないのです。「中人」もあるのですが、極端に言えば、読み方はどうでもいいわけです。ここでは、意味を伝えたい、そのためにこうした漢字を使っているといえます。

中国人は違います。「切」を見たら「チエ」と読み、「小人」を見たら「シアオレン」と読む。他の読み方がないのですから、迷いようがない。漢字と発音はその地の人にとって一対一対応が原則なのです。日本の場合は、漢字の読み方は簡単な字ほど多数ありますから、特定できずに読めないという事態がしばしば起きるわけです。これも日本の漢字の特徴です。

日本語の文章には、漢字、ひらがな、カタカナ、ローマ字が入り交じっているわけですが、私たちはこれを違和感なく読んでいます。考えてみれば、ひらがなだけで書いたほうが、書き手としては楽なのです。難しい漢字を書いたり選んで打つことに時間を取られることもない。ですが、たいへん読みにくくなってしまう。文字を使い分けるというのは、ニュアンスまで表現しようとするだけではなく、読む人が読みやすいよう、意味を解しやすいように書いてあげようという、相手への配慮にもよるものです。複雑な表記法からは、ときにそういった日本人の細かな思いやりや優しさを読み取ることもできるのです。

漢字政策

これまで述べてきたように、漢字が中国から伝わって以降、日本人は漢字を自分たちのものに変えながら使ってきたわけですが、中国の漢字は辞書に載っているだけでも五万字以上もあります。それらのすべてを日本語に取り入れたり対応づけたりしたわけではありません。漢和辞典は、それぞれの字に訓読みを与えようともしてきたのですが、せいぜい数千種類の漢字があれば日本語は表現できたからです。

とはいえ、戦前には、五千種類の漢字を使いこなす人もいれば、一字の漢字も書けないような人もいたわけで、漢字の運用能力の個人差がとても激しかったのです。

そうした状況に転機が訪れました。一九四五年の終戦とともに、アメリカのＧＨＱが占領政策を行います。日本にやってきた教育使節団は、日本に漢字廃止を勧告してきました。日本が軍国主義化したのは漢字を使っていることと関係があるから、漢字を廃止して、ローマ字表記を採用すべきだと考えたのです。

なぜ漢字が軍国主義と関係があるかというと、漢字が難しくて、新聞などを読めない、

紘

あるいは理解できない日本人がたくさんいた。たとえば「八紘一宇《はっこういちう》」の意味を正確に理解していた人は少ないのではないか。きちんと理解していたら、あれ、ここがおかしいな、と思えるようなことでも、難しい漢字によって意味がぼやかされてしまう。学校教育も、漢字を覚えるのに時間がかかってしまって、教育内容が貧弱になっている。漢字のせいで日本人の識字率は上がらず、民主化されなかった。このようなことを考えたわけです。

この要求に対して日本人の意見は割れました。そうはさせまいと反対する人々がいる一方で、明治の頃からずっとローマ字論者やカタカナ論者もいたのです。一般の人々よりも、むしろ作家や学者、実業家にたくさんいました。

結局、当時の文部省は、日本側の案を出しました。漢字を簡易化して減らします、と。一八五〇字にまで漢字を減らし、それ以外はひらがな、カタカナで書くようにします。だから当面、この限られた漢字は使いますと。このようにして、一九四六年十一月に漢字政策が日本で初めて断行されることになります。一八五〇字の漢字は「当用漢字」と呼ばれました。

実は漢字を減らしたいという動きは戦前からありました。文部省や新聞社が具体案をつくって実行しようとしていたのです。陸軍などでも、漢字を簡単にしないと兵器の名などが読めない兵士がいて困ると、独自に減らしたりもしていました。そういう下地があったがゆえに、戦後比較的早くに「当用漢字表」が制定できたのです。

敗戦の翌年、一九四六年に告示されたこの漢字政策は、ゆくゆくはローマ字化もあり得るという含みを残したものでした。急に漢字廃止はできないから、段階的に廃止をしていく方向性をもっていたのです。しかし、その後も漢字が廃止されなかったことを、私たちは知っています。多くの日本人は漢字を使い続けてきており、手放すことができなかったのです。

当用漢字

「当用漢字」は一八五〇字に制限されたわけですから、そこに入れてもらえず、表舞台から消えていった漢字が数多くありました。

たとえば、動物の名前は基本的にひらがな・カタカナでいいだろうということになりました。ですから「猫」も「熊」も当用漢字表には入っていません。例外として、「犬」は採用されています。音読みがあるからで、「狂犬病」「愛犬家」などと使い、熟語がつくれるのです。一方で、ほとんど訓読みしか使わないような漢字の多くは必要ないだろうと判断されました。

当用漢字から漏れて、惜しいという声の出た漢字もありました。その一つが音読みのない国字の「躾《しつけ》」です。いま、読める人が少なくなっています。学校で習っていないので仕方ないところですね。女子大生などには、「エステ」とか「モデル」と読む人まで現れて

躾

拿　瓣　藝

います。身体が美しい、という文字の見た目から判断している。豊かな発想力ですが、内面や所作の美しさという観点が失われてしまっています。

新聞などでも、交ぜ書きが頻出して、読みにくいという声が挙がりました。たとえば拉致の「拉」、あるいは拿捕の「拿」は当用漢字表には入っていない。よって「ら致」「だ捕」（「ダ捕」とも）と表記されるようになった。多くの理由からふりがなも否定されたので、二字熟語の一字だけがひらがなになると、とくに一字めがそうなった場合、一瞬、何のことかわかりません。たとえば「女子大生ら致される」、読み違えそうになりませんか。それに慣れると送りがなまで交ぜ書きに見えてしまって、読む流れに支障をきたすことさえあります。漢字を制限することで、こうした問題も起きました。

これらの問題を生みつつも、当用漢字に絞ったことで、学校教育とマスメディアを通じて日本人の漢字力は均質化していきました。多くの人たちが同じくらい漢字が読めるようになったのです。皆が教科書で学び、新聞が読める、雑誌も読める、という時代が訪れました。整理された活字によってまさに民主主義が実現したわけです。当用漢字は、漢字の形も手書きの習慣に合わせるために「新字体」を採用しました。「學」は「学」、「廣」は「広」、「圓」は「円」と簡単に書けるようになりました。「藝」を「芸」、「辨」「辯」「瓣」を「弁」とした類いには、別の字に変えたとの批判がなされます。

ところが、歴史には揺り戻しということが起きます。次第に、なぜ使える漢字が制限されているのだと不満の声が挙がり出したのです。民主主義が実現したと思いきや、もっと自由に表現したい、国による規制を緩和すべきだという主張が増えてきました。様々な省庁からも作家からも、一般の人々からも、こうした声が出てきたのです。

ちなみに当用漢字は、芸術作品に対しては漢字制限を求めていません。ですから作家は作品で自由に漢字を使えていたわけですが、それでもこうした声が挙がってきたのです。

そういう流れのなかで検討を経て、一九八一年に漢字政策が方向転換されます。当用漢字表から常用漢字表に切り替わったのです。

常用漢字

当用漢字から常用漢字へ。見た目はたった一文字の変化ですが、内容は大きく変わりました。まず漢字が一九四五字に増えます。動物の名前では「猫」が入りました。猫派には溜飲の下がることだったでしょう。「愛猫家」ということばも、「愛犬家」に比べるとあまり使われていませんが、ビョウという音読みと「ねこ」という訓読みとが入りました。

九五字増えたことより大きかったのは、表の性格と方針が変わったことです。「当用漢字表」のときは、一八五〇字以外は基本的に使ってはいけない、と決められました。固有名詞については別とされましたが、各方面で地名・人名などの漢字にまで変更や制約が行われました。これに対して「常用漢字表」は、「目安」に過ぎないということが明確に謳われたのです。新聞でも雑誌でも、使いたければ一九四五字以外の漢字を使ってよくなったわけです。事実上の解禁が行われたとの解釈も可能となったといっていいでしょう。

その後、情報社会の進展に対応するため、二〇一〇年に、「常用漢字表」の改定が行われました。そのときできたのが「改定常用漢字表」です。ここで二一三六字にまで増えました。「熊」や「鹿」も入りました。熊本県、鹿児島県の熊や鹿で、ようやく都道府県の字が「栃」「阜」などとともにすべて表に収められました。

「かいてい」は、「改訂」と書く場合もありますが、文部省は「定」の字を使います。「訂」は、間違いを直すという意味を持ちます。「訂」ではなく「定」を使うのは、時代や社会が変わったから規則も変えるという意味が込められているのだと考えられます。

私はこのとき、文化審議会国語分科会の委員として、この改定常用漢字表の作成に関わりました。この審議会の前身が、行革前の国語審議会です。戦後、漢字を廃止してローマ字表記にするかを真剣に検討したのも、この国語審議会です。

当用漢字表の内閣告示・訓令から約七十年、もう日本人の多くは、漢字は日本の文字だという意識を抱いているようです。中国から伝わったことは承知の上です。その上で、日本の文字だという認識を自然と持っている。名前にも好んで漢字を付ける。これらの意識と行動は、現在、漢字文化圏のなかでは特異なものなのです。

もちろん、中国人は漢字を自分たちの文字だと思っています。しかし韓国人は、漢字は外国の文字だというのです。固有語と結びつける訓読みも深く定着させなかった。そうしたことがあったから漢字使用をやめられたのでしょう。

それに対して多くの日本人は、漢字を自分たちの文字だと思っています。その理由として大きいのは、訓読みを持っていることです。日本人にとってすぐわかるのは、犬は「ケン」ではなく「いぬ」であり、猫は、やはり「ビョウ」ではなく「ねこ」なのです。大和言葉というのは、多くは基本的な単語であり、たいてい子供のときに耳で覚えてきたために日本人の感性や感覚に直結しています。そうした大和言葉を漢字に当てはめるという、大胆な融合を行うことで、漢字を自分たちのものにしたのだと考えられます。

実は訓読みという方法を教えてくれたのは古代朝鮮の人々だったのです。ですが彼らは、訓読みは中国的ではないということで使うのをどんどんやめてしまった。一方、教えられたほうの日本人は訓読みを残し、さらに独特な発展を絶えずさせていったのです。音読みでしか漢字を使わなければ、日本人も漢字に対してもう少しドライでいられたのだろうと思います。とはいえ、訓読みを残したのは日本人らしい選択であったと考えられます。

人名用漢字

さて、これまで述べてきた常用漢字表は、「法令、公用文書、新聞、雑誌、放送など、一般の社会生活において、現代の国語を書き表す場合の漢字使用の目安」として、文部科

翔

学大臣の諮問を受けて審議会で答申がつくられ、内閣が告示、訓令としたものです。これとは別に、法務省が決めている「人名用漢字」というものがあります。常用漢字には含まれていなくても、この「人名用漢字」の表に入っていれば、子の名前に使うことができるのです。戦後、一九五一年に制定され、その後少しずつ改正が加えられています。

なぜ人名用漢字が法務省の管轄なのかといえば、戸籍を管理する行政機関であり、子の名前は戸籍法と省令であるその施行規則に従って付けなければならないとされるからです。戸籍法には、子の名前には「常用平易な文字を用いなければならない」という一文があります。常用平易な文字を提示するのは法務省なのです。

たとえば私の世代には、「翔」君という同級生は存在しませんでした。なぜなら法務省が認めていなかったからです。やがて司馬遼太郎が『翔《と》ぶが如く』という小説を書いた。「翔ぶ」で「とぶ」と読むのかと多くの人が知ったのです。作家の柴田翔（戸籍法が制定される前の生まれ）も人気があった。急に人々がこの字を好むようになってカッコイイな、自分の子供の名前に使いたいなという人が増えてきます。しかし役所に行くと使えないと言われる。そうしたお父さん、お母さんたちの不満の声が届いて、法務省も動くこととなり、一九八一年十月に認めたわけです。政治家や学者の意見より前に、赤ちゃんの名前に使いたいという声が大きくなると、人名用漢字に追加していくということが行われてきました。

苺

いまの大学生には多くの「翔」君がいます。人気アイドルグループ嵐にも、櫻井翔君がいますね。イメージが良いといった声が若者からよく聞かれます。

二〇〇四年には「狼」も追加されました。子供の名前に使いたいという親御さんがけっこういたのです。このときは、私も法制審議会の人名用漢字部会に呼ばれて幹事として仕事をしたので、よく覚えています。名前に使いたいのに認められなかったという全国の親御さんの切なる要望を、リスト化しながらたくさん目にしました。たとえば「太狼」のように名を付けたいという方がいました。狼のイメージが変わってきたことがよくわかります。日本狼が絶滅して、狼の姿も性質もよくわからなくなり、「送り狼」なんていうことばもなくなってきました。恐ろしい動物、襲いかかってくる獣というイメージは失われていって、アニメや小説などからむしろカッコいいもの、孤高の存在という良いイメージが広がっているようです。そういう状況の中で、この漢字もまたよく使われるようになっており、人名用漢字に「狼」を認めることになりました。

この審議会では初めて知ることが非常にたくさんあったのですが、その一つが、付けたいのに付けられない漢字の第一位が「苺」だったことです。苺は果実も漢字も確かに可愛いかもしれない。けれども名前に付けたいという価値観はかつて考えられなかったもので、若い親御さんたちの希望に、時代の変化を感じました。当時、テレビを見ていたら、タレントの千秋さんが、子供に「苺」と漢字で付けたいと話していたのです。千秋さんは氷山の一角だったと、審議会で集計をしながらよくわかりました。千秋さんは結局諦めたそうですが、その後「苺」は、人名用漢字に加わることになりました。そして早速、赤ちゃんたちに命名されていきました。

雫

もう一つ驚いたのが「雫」です。雫と名付けたいという要望も多かった。

雫は水滴ですが、すぐにピンときました。宮崎駿プロデュースの『耳をすませば』（一九九五年公開）というアニメ映画に、月島雫ちゃんという女の子が出てきます。可愛い、性格のよい子なのです。この映画を見た親御さんたちが、わが娘にも「雫」と付けたいと考えたのでしょう。この字も常用平易と認定されて採用されました。

昔から、誰かにあやかって名前を付けるということはありました。明治時代であれば、その対象は、中国や日本の古典の中の神話上の人物だったり、あるいは古代の偉人だったり、祖先や家族だったりしたものです。最近はちょっと違います。ある人が近所に「じゅりあ」「ゆりあ」「まりあ」という三姉妹がいると話していました。親御さんがユリアが登場する『北斗の拳』のファンだそうです。アニメや漫画の影響が大きくなってきたのです。そういうキャラクターから子の名前を付けるという新しい時代を迎えていたことを、多くの例から知りました。

ＪＩＳ漢字

もう一つ、国が定める漢字の集合として「ＪＩＳ《ジス》漢字」があります。日本工業規格（ＪＩＳ）の漢字表で、この管轄はまた別の省庁で、経済産業省の所管です。

こんな経験はないでしょうか？　パソコンや携帯電話で送られてきたメールの絵文字や記号が、「〓」（ゲタと呼ばれています）と表示されている。これは「文字化け」をしているわけですが、送り主と、受け取り手である自分の機種や契約会社が違っていて、ＪＩＳコード番号が与えられていないマークが送られてきた場合にこうなります。ＪＩＳコード番号が付与されているものは、メーカーが違っても通常は化けません。いまではハートマークをはじめ、かなりの絵文字や記号にはきちんとＪＩＳコードが付与されています。

つまり、パソコンなどでの日本語情報交換のために設けられたものがＪＩＳコードで、それが付与されている漢字、仮名や記号類がＪＩＳ漢字となります。常用漢字と人名用漢字を包含していて、すでに一万字以上がＪＩＳ漢字表に掲載され、情報処理にも利用されています。

さて常用漢字が改定されて、二百字近くが追加されました。これだけ漢字が増やされたのは、主として日本語が使えるコンピュータの影響です。

一九七八年にワープロが登場します。私のばあいはその十年後に、大学院の入学祝いとして父に買ってもらい、嬉しくて買った店からそのまま持ち運んですぐに使い始めました。当時のワープロは、ローマ字入力をして変換キーを押すと、とんでもない字が出てきました。「私も」と打とうすると、「も」に必ず「藻」が出てくる。「私は」の「は」には「歯」が出てくる。なんでこんな字が出てくるのかとイライラしました。変換辞書に学習機能ももちろんありません。しかし苦労して打ち込むと大きさの揃ったドット文字が並び、プリントアウトすればギザギザだが印刷物に近い字が打ち出される。なんだか自分が偉くなったようにも感じる、魔法のような機械だな、と夢中になった記憶があります。

ワープロはあっという間に小型化して改良されながら普及しました。さらに一九九〇年代にパソコンが一般に広まるようになると、ワープロ機能もその中で向上を続け、パソコン上で皆がたくさんの漢字を使うようになります。そうした新しい時代の要請を受けて、常用漢字では字種が足りないとなり、また漢字が常用漢字表に増やされたわけです。

JISには、動物の名前でいうと、「犀《さい》」も入りました。常用漢字は取り込む方針だったので、当然「猿」も入りました。ワープロはもちろん普及しました。

しかも「雉」も入っているので、『桃太郎』の動物をパソコンではすべてを書くことができます。ようやく現実にあるかなりの要求に追いつきました。

手書きで書く人はほとんどいないような複雑な漢字であっても、パソコンではよく使われるからという理由で常用漢字表に加わったものもあります。その一つが「鬱」です。こ

鬱 鬱 鬱

の字は、書くのがたいへんです。現代のわれわれのみならず、中世の頃にもたいへんだったようで、正確には書けないから「林四郎」と縦につぶして書いてごまかしていた人たちがいたことが知られています。それらしく見えますが、正しく書ける人から「無学」だと論されています。この辺りの日本人の律義さは、昔もいまも変わりません。一方、大らかさについてはどうでしょう。それで、常用漢字を改定する委員会の場で、「鬱」を常用漢字に加えようという段になったとき、いくらなんでも複雑すぎる、略字はないのかという話になったので、略字を提示しました。室町時代から江戸時代にかけて使われていた「欝」という略字です。「鬱」は第二水準でしたが、第一水準には俗字の「欝」もあります。

しかし、「鬱っぽくないな」と感じられたのか、それらは採用に至らず、「鬱」のまま常用漢字になりました。書く人が少しでも楽なようにという考え方はコンピュータの時代にはそぐわないようです。この複雑な形だからこそしっくりくるのだという、一筋縄ではいかない漢字への愛着にも似た感覚が日本人にはあるのだなと改めて学んだ出来事でした。

ＪＩＳ漢字には第一水準から第四水準までが定められています。通常の文章を書くのに必要な文字の多くは、第一水準に含まれています。第二水準には、使用頻度が低い字や地名や人名に特有の字が、そして第三水準以降は、特定の場面や業種などで使用する特殊性の高い字や記号などが入っています。私はこのＪＩＳ漢字などコンピュータで用いる漢字を定める委員会にも呼んでいただき、参加しました。研究者というのは、調査や研究に没頭することが大切ですが、それを社会に還元することもまた大切だと考えてのことです。そして、異業種の方々、見なれない資料から学ぶことも常にたくさんあります。

さて、漢字の公的な表についてここまで三つ紹介しましたが、管轄する各省庁は、すべて異なる論理で動いています。

常用漢字を定める文科省は、人びとが、日常生活のなかで読み書きするための漢字を決めようとしている。文化の継承や発展の他に教育も視野に入れないといけません。だから漢字があまり多すぎてはいけないとなるのももっともです。

法務省はといえば、人の名前に使用する漢字は常用平易であることが法律の定めるところです。したがって、常用平易な字であるならば、親御さんたちの希望を最大限叶えられるように、すべて網羅しておかなくてはならない。法制審議会の人名用漢字部会では、人名用漢字に「糞」という字も入れては、という議論になりました。びっくりしました。「糞」は、もちろん、一般にはある程度は使用される漢字ですが、子供の名前に使う文字としてはどうか。しかるに法に則した論理では、常用平易だから入れておかねばなるまい、となるわけです。それで、一度、人名用漢字のリストに追加すると部会は発表しました。

それが新聞などで報道された日、法務省の電話は鳴りっぱなしだったそうです。それを知った人たちからの抗議の電話です。なぜそんな漢字を入れるのかと。もちろん電話を受けた役人に罪はなく、法制審の部会で決まったことでした。結局、そうした強い反対意見

巫　宏之甥

を受けて「粪」などの字は取り下げられることになりました。

　その後も、名付け親からの裁判など紆余曲折を経て、法務省は法律を根拠としながら、人名用漢字を改正しています。一番最近では、「巫」が追加されました。

　そして、経済産業省は、また別の論理を持っています。資本主義経済のなかで、工業製品は、どのメーカーがつくっても互換性がなくてはいけない。携帯電話やパソコンなどの電子機器で必要な漢字にはすべてコードを振って入れておかなければならない。これも、もっともなことですね。パソコンが多くの家庭に普及し、さらにいまや日本人の八割が携帯メールをする時代です。

　ちなみに私の名前の「宏之」は、いずれも常用漢字ではありません。したがって人名用漢字として認められていたから、私が「宏之」であり得るわけです。そして名字の「笹」も常用漢字ではないのですがＪＩＳ漢字に採用されたおかげで、メールでもインターネットでも名とともにきちんと入力、表示できるのです。こういうケースは多々あります。たとえば奈良の「奈」も、改定前の常用漢字には入っていませんでした。しかし「奈々」さんはたくさんおいでですよね。人名用漢字に含まれ、実際に名として多数存在している。奈々さんが存在する以上、パソコンで打てないと日常に大きな支障が出てきます。奈々さんは自分の名前を打ち込めないし、奈々さんに年賀状ソフトを使って賀状を送ることもできなくなる。草彅剛の「彅」も第三水準として採用されました。こうした必要な漢字はで

『JIS漢字字典』より。

きるだけすべて採用しようという方針で、経済産業省は表を作っていたのです。

幽霊漢字

一九七〇年代に、JIS漢字に入れるためにいろいろな漢字を集めていくなかで、〝事故〟が起きてしまうことがありました。その結果生まれたのが「幽霊文字」です。数奇な運命によって生まれた漢字について、ここでご紹介しておきましょう。

滋賀県犬上郡《いぬかみぐん》多《た》賀町《がちょう》に、妛原《あけんばら》という地名があります。山と女を分けて一文字ずつにして、「山女原」とも書きました。元々は山と女をくっつけて「あけび」と読ませたところから来ている合字で、江戸時代から見られる地名です。「山女」自体が日本人が並べた、平安時代からある大らかな熟字訓でした。

JIS漢字をつくるときに、担当者は地名の漢字は入れておかなければと考えました。それで『国土行政区画総覧』という数十万件の地名を載せた資料を選びます。その紙の資料では、その当時この「妛」は活字にないわけですから、偏平な「山」と偏平な「女」を他の漢字から切り出してきて、くっつけて印刷しておいた。その印刷時にうっすらと、山と女の間に一本の線が入ってしまったのです。二枚の紙をくっつけた切れ目が、影のような線として印刷されてしまったのでしょう。

それを見た、JIS漢字を選ぶ作業の担当者は、こんな字があるのかと、そのまま黒い

彁

線まで筆画として写し、その形で採用されてしまった——。信じがたいことですが、人間の行うことですから、こうしたエラーが起きても不思議ではないのです。

その結果、いま、「岦」がすべてのパソコンや携帯電話に実装されています。誰も必要としない漢字なのに、ＪＩＳ漢字には存在している。こうした漢字を私は「幽霊文字」と呼んでいます。私が現在把握しているＪＩＳの幽霊文字は十字以上あります。なぜ、現実世界には存在しない漢字がＪＩＳ漢字に入ってパソコンに存在しているのか——その経緯をいまだにつかめていないケースもあります。

それらの正体を突き止めるために、十年以上前になりますが、経済産業省や日本規格協会の委員会で調査と作業に誘われ、携わりました。積みあげれば三メートル近い地名資料を見て怯みましたが、やらなくてはという気持ちと真実を知りたいという探究心、好奇心が勝って、やりましょうということになったのです。

そうして一字一字見ていった結果、ほとんどの幽霊文字の候補に対して、実際の使用例と成り立ちを突き止めることができたのですが、一つだけ、最後までわからない「字」が残りました。それが「彁」です。これもＪＩＳ漢字の第二水準三三〇〇字余りに入っている漢字ですが、載っている辞書を見たこともない。三千余年の漢字の歴史のなかにも見つけられず、どこから来たのかわからないのです。

三メートルの資料のほか、できうる限りの内部、外部の資料を調べても明確な答えは見

彊

つからなかったのですが、私なりに仮説を立てました。「彊」という漢字があります。「キョウ」と読み、強いという意味の漢字です。一九七〇年代はまだガリ版（謄写版）印刷でＪＩＳの資料もつくられていましたから、鉄筆で蠟《ろう》原紙を切って印刷していました。印刷をしていると字画が擦れてくることだってありました。その結果、二つの「田」と下の「一」の部分がかすれてしまって、ついに「彁」となった。

これは仮説にすぎませんから、なぜこの文字が生まれたのか、謎は解明しきれていません。政府が定めた漢字にも、こういうものが混じっているのです。こうしたミステリーもまた、日本の漢字があらゆる面で複雑だからこそ生まれてくるものでしょう。

日本の漢字の特徴

ここからは、日本の漢字の特徴や性質について、いくつか説明したいと思います。

まずは種類について。漢字の種類のことを「字種」といいます。「沢」と「澤」は、字体は二つだが字種は一つといえます。字種には出自から分けると「漢字」と「国字」があります。漢字とは、中国人がつくった字ですが、それに対して国字とは、日本人がつくった漢字風の字を指します。漢字は広い意味では国字を含みます。

どんな漢字が国字かというと、先ほど出てきた「𡚴《あけび》」や、私の名字の「笹」も国字です。「笹」が中国にないはずがない、と思われるかもしれません。中国から来たパンダが食べ

⿱⺮少

ています。ですが中国では、パンダが食べているあれは「竹葉（ジューイエ）」といいます。日本人も初め『古事記』などで「小竹」と書いて「ささ」と読ませていたのですが、一文字で書きたいと思ったのでしょう。「篠」を当てることもあったのですが、「シノ」と区別ができなくなります。

また、「竹」と「葉」をくっつけると、縦に長すぎる文字になる。ではどうしようか。竹《たけ》かんむりが付けば、草かんむりはいらないだろうから取り去ろう。ササは木ではないから木もいらないだろう。そうして上下を取ってしまって、残ったのが「笹」だったという話があります。他にも字源説はあり、はっきりした成り立ちは明らかになっていないのですが、いずれにせよ室町時代末期頃までにつくられた日本製の漢字です。「⿱⺮少」という国字がその少し前にあちこちで使われていました。中国の金文にも「笹」はあったのですが意味は違います。すでにお話ししたように、私の一番の専門はこの国字に関する研究です。ですから「笹」については、いつできたかを突き止めようと思っています。日本の文献はたくさん残っていますから、まだ研究中という段階です。

他によく知られている国字には「峠」があります。山道の頂点で上りと下りがどちらも見渡せる場所のことで、室町時代にはもう使われています。字面から景色が目に浮かびます。「働」も国字です。鎌倉時代頃に現れます。当時は戦場での兵の活躍に対しても使われていました。中国の人は働かないのか？　と疑問に思う方がいるかもしれないので念の

遖

ため説明しておきますと、「動」に、「はたらく」という意味があったのです。和語の「はたらく」にも「うごく」という意味がありました。ですから当初は、「動く」を、「うごく」とも「はたらく」とも読ませていました。しかし日本人は次第に「はたらく」の語に意味が新たに派生するにつれて表記も区別したいと思ったようです。人偏（イ）を付けて、新たに「働」という漢字をつくったのでした。「労働」という言葉も、漢語にあった「労動」をもとに、すでにできていた「働」を利用して近代の初め頃につくられた熟語です。

「畑」も国字です。中国語では通常「田」一つで、田んぼも畑も指しました。しかし日本には「た（んぼ）」と「はたけ」という二つの言葉があり、さらに、「はたけ」と「はた」もかつては意味が違ったのです。そこで「はたけ」は、白く土の乾いた田という意味の漢語「白田」をもとに「畠」としました。一方、草を焼いて開いた「焼きはた」の「はた」は、同じく漢語「火田」をふまえて火と田をくっつけて「畑」としました。これらは会意文字と呼ばれるものですが、熟字訓が先に成立していたならば合字といえます。意味やニュアンスが好きな日本人らしい国字ともいえそうです。

感動詞にまで国字はつくられました。「天晴」は「あはれ」が変化した「あっぱれ」への当て字で、天晴のイメージから「遖」という国字も中世につくられました。

これら意味を考えて組み立てられた国字に対して中国の漢字は、八割から九割が形声文字です。旁《つくり》などが音を（ときにイメージなども）表すことによってつくられた漢字です。

「法隆寺金堂観音菩薩造像記銅板」（694年）より。（左の「鵤」）

第二章で述べた「邪馬台（国）」も、中国人が当てた仮借《かしゃ》による表記でした。

最後に、日本最古の国字をご紹介しておきましょう。それは「鵤」で、「いかるが」あるいは「いかる」と読みます。持統天皇の時代に、「鵤大寺」と書かれた造像記銅板が法隆寺に残っていて、この三字は法隆寺のことを指します。いまこの寺が建っている辺りには、いかる（いかるが）と呼ばれる、くちばしの大きな鳥が群生していました。それで、鵤の里と呼ばれるようになったといわれています。この「鵤」は実は中国製だったという可能性も残されていますが、通常の漢語では「斑鳩」でした。「鵤」の角の字は、大きなくちばしを表現したのだろうと考えられています。

ここまで国字について述べてきましたが、実は国字の種類は、日本人が使っている漢字全体の一％にも満たないくらいしかないのです。たとえば、改定常用漢字表には二一三六字が載っていますが、そのうち先に触れたような厳しい条件の下で採用された国字は十字程度です。「働」「込」のように使用頻度では漢字にひけをとらないものもありますし、表外字にも名字や地名、植物名や魚名などに数千種を見つけることができるのですが、国字の相対的な少なさをよく知ると、改めて日本人が中国からいかに多くのものを受け入れたかを実感するのではないでしょうか。

邊　邉

字体

次に、日本の漢字の字体（字の骨組み）について見ていきましょう。

漢字には「異体字」と呼ばれる字があります。ある漢字と同じ読み方・意味なのだけれど、字体が異なる漢字のことをこう呼びます。

たとえば、「高」に対する異体字は「髙」です。「髙」と「高」は互いに異体字ということもできます。渡辺などに使われる「辺」には、「邊」「邉」などの異体字があります。この「べ」は、実は戸籍の上では二百種類以上もあるそうで、中には、中国にはなかった字体もあります。斎藤の「斎」にも同様にたくさんの異体字があります（「斉」は別字）。

吉田さんの「吉」も、下が長い「吉」と書く人もいます。うちは元々サムライだったから「士」と書くのだとか、あるいはうちは農家だったから「土」を書くのだとか、こだわりを持っている方もいますが、これらは基本的に後付けの理由であるようです。というのは、江戸時代の筆字では「吉」と書かれることが多かったようなのです。活字でよく印刷するようになった時点で、中国の字書から「吉」が出てきてそれが当用漢字となり、戸籍でも二つに分かれたようです。後付けであっても、やはり日本人には意味というものが大切なようです。

こうした字体にも、多様性を保持し続けているのが日本の漢字の特徴です。

檜　櫻　巖

さらに異体字の例について考えてみましょう。「ひのき」には「檜」と「桧」があります。温泉旅館の「ひのき風呂」には、どちらの漢字が似つかわしいでしょうか。これは、難しい「檜」のほうがいいという人が老若男女を問わず、多いのです。醸し出すニュアンスが違うようで、風情を感じる「檜風呂」のほうに入りたいと感じるそうです。

「さくら」にも「桜」と「櫻」があります。なぜ「櫻」という漢字なのかを考えてもらうと、より具体性をともなった豊かな空想が出てきます。貝殻のような花びらを表している、その花びらの下に若い女の人が佇んでいる姿に見えるのだそうです。「桜」の、「女」の上にある「ッ」を、花びらが舞い散る様子と見る人たちもけっこういました。実際には、「桜」は「櫻」の崩し字に基づく略字にすぎないわけですが、美しい発想ではあります。

「櫻（オウ、イン）」は「嬰（エイ）」という字を声符《せいふ》としてできた形声文字で、中国ではサクランボに似た赤い小さな実をつける「ゆすらうめ」を表す漢字でした。日本人が独自に「さくら」に当てたのです。ですから、花びらが舞い散るあのイメージは「櫻」にはなかった。けれども、日本人が漢字に対して幻想、ときには妄想を抱くことは悪いことではない、と私は思っています。字面から空想を膨らませることで思い入れが強まって、ますます「桜」や「櫻」という漢字が好きになるという面もあり、そこから新たな表現が生まれてきたこともあったでしょうし、これからもつくり出される可能性があるからです。

他にも、「いわ」には「岩」と「巌」（巖）がありますが、「巌」のほうがゴツゴツと固くて大きそうだとしばしば耳にします。中国では同じ字だったのですが、日本では、「巌」は大きい岩、「岩」は小さい岩と使い分けをしています。「巌」は「いわお」とも読みます。もととなった歌を『古今和歌集』などにもつ国歌の「君が代」にも「さざれ石のいわおとなりて」と出てきます。これらは中国産の字体でしたが、日本でもさまざまな時代に、「円」(圓)、「釈」(釋)、「広」(廣)のような字体が生み出されてきました。

広がる多様性

日本の漢字は音読みにも多様性があります。「行」を例にとってみていきましょう。「行」は「ギョウ」とも「コウ」とも「アン」とも読みます。「行灯」などというときに、「アン」と読みますね。

「ギョウ」という読み方は、「呉音」といいます。古くに伝わった音読みで、おおよそギヤン、ギヤウ、ギョウと変わってきたものです。魏・呉・蜀の呉の国から伝わったという説もありますが、実際には呉以外の国からも、また朝鮮半島をも経由して伝わった雑多な音だというのが実態のようで、仏教用語に多く残っています。

「コウ」は「漢音」といい、唐の時代の都・長安(いまの西安《シーアン》)から伝わったとされています。唐に渡った遣唐使たちが、いま唐の人は「行」を「ギヤン」と発音してない、「カン」のように言っていると気づいて、日本に持ち帰ってきた。昔の日本人は「ｋａｎｇ」

宀

と発音していたことがわかっています。当時、その「－ｎｇ」という発音のために「宀」などのカタカナが新たにつくられて残っていることなどの証拠があるからです。ただし「ｋａｎｇ」は日本人には馴染まず、「カウ」さらに「コウ」に変化していきました。

最後の「アン」は、唐音または唐宋音といって、宋代以降、一一世紀以降に伝わった比較的新しい発音です。中国の南方、とくに貿易港がある寧波（ねいは／ニンポー）辺りから伝わったことが明らかになっています。日本はこのように、音読みさえも複数を保持した上で別名保存し、ニュアンスをときに帯びながら使い分けをしてきました。

さらに音読みにはもう一つ、「慣用音」と呼ばれる読み方があります。たとえば輸出の「輸」です。この字は本来的には「シュ」と読みます。中国でもいま「シュー」のように読む。しかし、福沢諭吉の「諭」などと似ている、旁が共通しているから「ユ」と読むのだろうという類推がなされ、それが広がっていきました。間違いといえばそうなのですが、すっかり広く定着してしまったために、もう直せなくなってしまったのです。こうした読み方を「慣用音」といい、これも案外たくさんあるのです。

訓読みも、たとえば「行」には「い－く」「おこなう」という別の和語が、「後」には「あと」「のち」「うし－ろ」などと同義、類義の和語があてはめられて一字多訓となっており、その「あと」には「跡」「痕」といった同訓異字が広がっています。このように、音読みよりもいっそう複雑な状態となっています。

ここまで日本の漢字の歴史を辿りながら、その変化と、大きな特徴である多様性について説明してきました。日本の漢字は、意味やニュアンスなどをより細かく正確に表そうとして多様性を広げる方向へと変化を続けてきたわけです。

日本語の文字の多様性は、フォント（書体）が数多く存在することにも表れています。ローマ字のように字種が限られているものよりは少ないものの、数千種ものフォントセットを収めた商品も出ています。最近の大学生は、明朝体は硬いイメージがあるといって避ける人が増えています。とくに女子学生は、丸文字（その母親たちが実際に書いていた）やヘタウマ文字と呼ばれる独特の書体を好むようです。ゴシック体が丸くてかわいらしく感じられるという意見は意外でした。いまはフォントを自分で簡単に作成できるソフトもあります。同じ文字や漢字でも、フォントによって伝わる雰囲気などの情報が異なると感じるほど、日本人の感覚は繊細なのです。

最後にもう一つ、日本には書字方向、つまり文字を書き進める方向が縦書き、横書きと複数あります。一つの文字体系にこういう状態を保つ国は、いまや世界で日本だけといえるでしょう。中国の影響を受けた日本人は、長らく縦書きをしてきました。が、西洋から横書き文化が入ってきたら、これはこれでいいなと江戸時代から取り込みました。それで、両方とも使おうということになったのです。

いまや中国は古典を含めてほぼすべて横書きとなっています。台湾では、稀に縦書きをする人もいますが、若い人はほぼ横書きしかしません。日本人の大学生たちに聞くと、横書きが楽だけど、国語の授業だけは縦書きにする、本を読むときは縦書きがいいなどと言います。

すでに何度もお話ししてきたとおり、多くの国には——中国も台湾も、そして韓国も——さまざまな文化に〝上書き保存〟の傾向が見られるのです。すると往々にして古い時代にあった様々な文化をあまり顧みなくなる。それ以前の文化を消去することにつながります。ハングルができると、漢字はやめよう、となる。日本はそこが異なっています。漢字を受け入れた、ひらがなもつくった、カタカナもつくった、ローマ字も取り入れた。それぞれに長所も短所もあるので全部交ぜて使おう、ということになったのです。

こうした日本の文化のあり方は、新たな独自性をもつものとなり、いまも脈々と受け継がれ、ますます花開いているように見受けられます。ただその花にもさまざまなものがあるようです。次章では、昨今起きている、漢字にまつわる多様な現象を見ていきましょう。

第四章

日本人による漢字への思い入れと手入れ

コノテーション

この章では、日本の漢字の変化、そして多様性をより意識できるように、漢字にまつわる興味深い現象について述べていきます。

これまで、日本人は漢字から意味を読み取るのが得意だし、好きだということを何度も述べてきました。漢字をただ使うだけでなく、微妙なニュアンスによる使い分けさえも行っているのです。このニュアンスのことを、「コノテーション」と呼ぶこともできます。辞書的な意味＝デノテーションに対して、周辺的な意味＝コノテーションです。

たとえば、「幸福」「幸せ」「ハッピー」は、辞書の上ではどれもほぼ同じ意味になります。しかし、コノテーションの違いを日本人は注意深く嗅ぎ取ります。よって、使う人、使い方や使う場面が異なってくる。目上の方への手紙に選ぶのはどれでしょう。また、若い人がしばしば使う「チョー（超）」という言葉を重ねたい場合、「チョーハッピー」はいい感じなのでしょうが、「チョー幸せ」はちょっと微妙で、「チョー幸福」とは、多分言わないことでしょう。コノテーションの違いが語彙や表現に多様性を生んでいるのです。

漢字の使い方においても、日本人はコノテーションを意識します。

たとえば、「たまご」という語で、「卵」と「玉子」を、どのように使い分けているでしょうか？　これは講義で大学生などにもしばしば尋ねる質問です。

蛋

まず「産みたてたまご」と書く場合は、ほとんどの人が「卵」を使います。「溶きたまご」も九割以上が「卵」を使うと答えます。

では、「たまごかけご飯」はどうでしょう。最近は専用の醤油まで発売され、「ＴＫＧ」という略語も生まれるほどの人気ぶりです。学生に聞くとまだ「卵」が多数です。「半熟たまご」では「卵」がまだ過半数ですが、「ゆでたまご」で「玉子」が逆転し始めます。

さらに、「たまご焼き」になると、今度は「玉子」が九割を超え、圧倒的多数を占めるようになる。「たまご丼」も「玉子丼」になります。つまり日本人は、火が入る前は「卵」を、火が入った後は「玉子」という使い分けの傾向をもっているのです。たまごかけご飯は、味はついているとはいえ、生のたまごを食べているという感覚があるようです。原形やもとの色をとどめているか、味付けはまだか、といった要素も大切なようで、調理の進行につれて生々しさの感じられる「卵」を避けていくようです。

こうした書き分けを行っているのは日本人だけで、中国人にとってはたまごを意味する「タン」に対する漢字はたった一つしかありません。中国語のたまごは「蛋」で、常に同じ漢字を書きます。生だろうが煮ようが焼こうが何をしようが「蛋」のみです。中華料理でお馴染みの「ピータン（皮蛋）」や「ジータン（鶏蛋）」の蛋です。ケーキも「蛋糕（タンガオ）」。英語も常に「ｅｇｇ」ですよね。

膥

日本ではこの字は「蛋白質」で使います。蛋白というのは、言い換えると「卵白」なので「卵白質」といったほうがわかりやすい、と言い換えの提案もなされたのですが、「タンパクシツ」という響きがよかったのか、すっかり定着してしまいました。

ちなみに女子学生には、「蛋」の字には虫が入っているから嫌だ、と言う人がけっこういます。中国でこういうことを言う人はまずいません。漢字に対する思い入れや細部への視点をあまりもたないのが中国の人々なのです。

一方で中国には、たまごを意味する「膥（チュン・チョン）」という漢字があります。南方の広東《カントン》省や香港で清代から使われています。「食は広東にあり」と昔からいわれます。足のあるものは机以外、飛ぶものは飛行機以外、何でも食べると称される中国でも食の都として知られるこの地方で、たまごを「未だ肉に成らず」と書くのです。たまごはたまごで立派に価値があり美味しい食べものなのですが、広東の人たちは、肉になってくれたらいいのに、まだならない、なんていう気持ちで見ているかのようです。中国人は、すでに述べてきたように、音を漢字で表現する傾向をもっていますから、「チュン」（チョン）という音を借りて「春」と書かれることもあります。

コノテーションに話を戻しますと、私が不思議に思ったのが、「鶏」と「鳥」の使い分けです。街でやきとり屋さんの看板を見かけたことはありますよね？　やきとり屋は、チェーン店であってもそうでなくても、「焼鳥」「焼き鳥」と「鳥」を使っている店が多い。「鳥」

の字を篆書で書くなど少しアレンジして、鳥の絵っぽく見せているお店などもありますね。

それに対して、豚肉、牛肉などのように肉の種類をいうときは「とりにく」を「鶏肉」と表記することが多いのです。「蒸し鶏」もそうです。フランス料理を食べに行くと「ホロホロ鶏」が出たりしますが、このときも「鶏」ですね。

やきとりだってその素材に合わせて「鶏」を使って問題ないはずですが、どういうわけか「焼き鳥」と「鳥」が使われる。焼き鳥は鶏以外の鳥も、よく食べたからでしょうか。蒸す食べ方のほうが新しいから、ということも考えられます。この差はなぜだろうと考え、少しでも歴史や用法などを調べ始めると、漢字はますます楽しい面を見せてくれます。

見立て

子供の名前にも人気の「いちご」の漢字として、「苺」があることは第三章で触れましたが、「覆盆子」という三字による表記もあります。すでに平安時代には存在していた漢字表記です。

これ、『枕草子』のなかで清少納言が、大袈裟だと批判しています。「見るにことなることなきものの文字にかきてことごとしきもの」という章段でそう言っています。実際のいちごと、漢字のイメージに齟齬《そご》があるということを、すでに平安時代に指摘する人がいたのです。

苺

元々、いちごに対して中国でできた漢字は、「苺」でした。いまも中国ではこれ（読みはメイ）が使われていますが、日本では一部が略された字体が広まったためもう見かけません。大学生に聞くと、女子たちが「毒という字に似ているから嫌だ」と言っていました。やはり日本人は漢字の形から意味を見出してしまうことがあるようです。

現在使われている「苺」は人気があり、ある女子大生は「お母さんというイメージが湧くから好きだ」と話していました。中国で「苺」が略されて「苺」になったわけですから、本来字源的には「母」とは関係がなかったのですが、女性たちの想像力は豊かです。他にも皆が色々と語ってくれます。とくに驚いたのが、「この字自体がいちごに見える」という意見です。草かんむりがヘタの部分で、下の点々は、いちごのつぶつぶを表しているようだと何人もが語るのです。そういう象形文字ではないのに、あたかも象形文字のように文字の由来を感じ取ろうとするのです。

これは中国や韓国の人たちからはまず聞かれない、日本人独特の感性のようで、〝見立て〟と通ずるところがあると考えられます。丸谷才一も指摘しているように、日本人は見立てが大好きで、見立てが日本文化の奥行きを広げたところがあります。見立てとは、関係ないものに関連性を、そして命のないものに命を見出していく営みで、擬人法と通じます。命があるものには心が宿ります。漢字に対してこれだけ日本人が愛着を抱くのも、漢字にも心のようなものが宿っているという意識がどこかにあるからではないでしょうか。

蠱

鸞

「意味」の「意」という字には、そもそも「音」の下に「心」が含まれているように、複雑な形態に意味が込められた漢字というものを我が文字としている理由の一つが、ここにあるように思えてなりません。

先ほど、中国語の「莓」はその形から毒を連想するから嫌だ、という女子大生の声を紹介しましたが、同じような意見は、他の漢字についても聞かれました。たとえば「虫」を使う漢字。先の「蛋」に限らず、虫が嫌いだから、「虫」という漢字を書くだけでストレスだ、触われない、とまで言う人たちがいるのです。「蠱」なんて、見るだけで嫌だとたいへん嫌われています。蠱惑《こわく》なんて使い方もあるのにです。言葉に宿る力を〝言霊《ことだま》〟といいますが、同様に、日本人は〝文字霊《もじだま》〟を感じているとも思わされます。

私は大学生たちに、漢字をただ覚えたり感じたりするだけではなく、どうなっているのか、それはどうしてなのか、などと自らの頭で考えてもらいたくて、できるだけ様々な質問を投げかけるようにしています。いまどきの学生は勉強をしないなどといわれがちですが、学生たちの回答の中からは目を見張ったり目を疑ったりするものがたくさん出てきます。

たとえば、受験勉強で漢字の勉強はどんなであったかと聞いたときには、親鸞聖人の「鸞」を覚えるのが大変だったという意見がありました。三十画もあり、難しいことで有名な「鬱」を一画超えています。「糸糸言う鳥」と覚えたという学生もいました。昔の「戀（恋）」の覚え方に似ていますが、そのおかげで浄土真宗には鳥のイメージが付いてしまったという

のです。他には、漢字が難しいせいで、親鸞聖人自体にマイナスイメージが生まれましたなんていう学生もいました。こうした不幸なことが起きるのも漢字に直接、表される言語の外にある魂のようなものまで感じ取ってしまう日本人ならではといえるでしょう。

面白い意見もありました。親鸞は漢字が難しいだけに、申し訳ないけど易しい漢字の僧侶たちよりも、頭が良さそうなイメージを持ったというのです。漢字一つで人格的なイメージまでつくりあげてしまう、これもある意味で豊かな想像力です。

さて、中国人が見立て、あるいはそれに似たことを全く行わないかといえば、もちろんそうではありません。ただし、やはり少し違いがあるのです。

福の字が逆さになったこんな字「福」があります。これ、どういう意味だと思いますか、と質問をすると、日本の人たちは、福が倒れているのだから不幸な状態を表すのだろうとよく答えます。ごく自然に、そう考えるわけです。

しかし中国では、これはお店によく貼られる漢字なのです。なぜなら、福がやってくるという意味だから。なぜひっくり返っている状態が、やってくることになるのかというと、転倒の「倒」は「タオ」と読んで、「到」と同じ発音なのです。だから、中国人はひっくり返ることに到達を連想する。音で漢字を扱うことの多い中国人らしい考え方だといえます。

一方、日本では、「福」を分解して「一口田ネ」と見たてて、一口の幸せを噛みしめて味わって食事をしなさい、なんてことがいわれます。これは、江戸時代に萌芽が見られます。

どう見立てるか、その回路にも、やはり国民性や、その国の長年の歴史や文化が反映されるのです。急にできたものではなく、生活の中で育まれた感性に根付いたものなので、急に変えることは不可能です。日・中、さらには日・韓の心性に本質的な差も存在していることを、漢字を運用する現実を通して知ることができそうです。

日・中・韓の違い

もう少し、日・中・韓の違いについて話を進めましょう。

通貨単位の変遷には、三国それぞれの個性が表れています。お金の単位は日本では円（エン）、中国で元（ゲン）、韓国ではウォンです。この三つに落ち着くまでの経緯を見ていきましょう。

その前に、これら三つの関連性をいろいろな方々に質問したときに返ってきた回答を、いくつかご紹介しておきましょう。気になったのは、「ん」で終わるという共通点がある、というものです。そして、もう一つ進めたような回答が、「ん」で終わるということは、日本の「五十音図」では最初の「あ」に戻る、というものでした。お金は流通するものだから、「あ」から「ん」までぐるぐる循環しているということだそうで、何か意味づけを考えようとする日本人らしい、ストーリーまでよく考えられた答えだと思います。

では実際はどういう関連性があるのか。歴史を遡りましょう。

空海「三十帖策子」より。

中国では、お金の単位としては古くから「両」（兩）が使われていました。しかし清代の後期に香港で、円い銀貨が鋳造されたのです。それで「圓」（yuan2　ユアン）の字が選ばれ、定着しました。

　中国の影響を受け続けてきた日本でも、明治維新の直後、大隈重信が日本の通貨単位を圓にすることと決めました。その「圓」を取り入れたわけです。ただ、この字は画数が多い。日本ではすでに平安初期には、僧侶たちがこの字に「口」の中に一本の縦線を引くだけの「冂」を使っていました。大胆ですね。空海も使っていたことがわかっています。

　この字には略字がさらに書き易く変転してきた経過が残っています。鎌倉時代の写本には「冂」、室町時代になるともう少しせりあがって「冂」となる。江戸時代には現代とほぼ同じ「円」になっています。やはり、人間は楽なほうに流れていく生き物だということがよくわかります。エネルギーを経済的に使っていて、文字が人とともにあるともいえます。別の字とバッティングする恐れもありませんでした。こうした略字の変遷を経て、一九四六年に当用漢字表に正式に「円」が採用されました。

「圓」から「円」の変遷過程からは、よく使われる漢字は略されるという、当たり前ともいえる法則を導くこともできます。ただしこれは手書き時代の原則です。パソコン時代になると、手書きの大変さがない分、自らは点画の省略もできません。その結果、若年層では〝略字離れ〟という現象が起きています。

圆　圓　圜

驚くことに最近の学生は、略字を書きたくない、書くと運気が下がる、なんて言ったりします。「第」を「才」、「門」を「门」とする略字を書けない学生も増えている。略字は難しいとさえ言います。これは矛盾していますよね。時代は短いスパンでも、こうやって社会の動きの中で変わっていくのだということを実感させられます。

話を戻しまして、日本の「円」は記号で「¥」と表記されます。この由来については、明治の初めに、「エン」ではなく「イェン」と発音している地域があり、その発音が残ったのだとか、「ｅｎ」だとアメリカ人やイギリス人などが「アン」とか「イン」と読んでしまうために子音のYをつけて「Ｙｅｎ」にしたのだとか、複数の説があってはっきりわかっていません。たった百年余り前のことですが歴史の闇の中に真相は隠れています。中国の人民元も「¥」で、重なってしまっています。

さて朝鮮では日本の影響を受けて、通貨単位を「圓」とします。当時はまだ漢字を使っていた時代です。同じ意味の「圜」（ファンとも読む）も一時期使いましたが、朝鮮では「圓」を「ウォン」と発音しました。この発音が、ハングル表記になった現在も韓国、北朝鮮で残っているというわけです。

では、肝心の中国はどうして「元」になったのか。清朝後期、香港で「圓」が使われるようになった話を先ほどしました。これが大陸に広がるのですが、北京では主に「ユアン」や「ユエン」と発音されました。ここで問題になったのは、やはり筆画数の多さです。略字も生まれていたのですが「圓」「圆」といった程度の変化で、日本ほど大胆に略さなかった。そこで、発音が同じで画数が少ない字として「元」を利用して当てよう、という発想が生まれます。いわば〝音通現象〟が起きたのです。

ここでの仮借という方法が日本人には共感しにくいところでしょう。日本の場合、略字にしたけれど「まる（い）」という意味は残っている。ギリギリではありますがもとの漢字の原形も留めています。一方、中国は、音を残して意味を切り捨てたといえます。漢字の変化のさせ方が、日本と中国では百八十度異なっているのです。

ただし、よく使う字を楽に書き表そうとする点は共通しています。漢字が変化する根底にある原理の一つは筆記経済の論理でした。どこが共通していて、どこが違っているのか。漢字に限らず、これらを見極めることが、漢字圏各国の理解において必要なことなのです。

「恨」と「怨」

日・中・韓で捉え方が異なる漢字の一つに、「恨」と「怨」があります。

この二つの字は、基本的には似た意味の漢字ですが、どちらのうらみが、より後々まで残ると感じられるでしょうか。これまで、大学生や、市民講座などの受講生に聞いたところ、「怨」のほうが長く残ると感じるという人が日本では圧倒的多数を占めます。

しかし、中国と韓国では逆になります。

例えば中国には、白楽天の詩に「長恨歌《ちょうごんか》」があります。唐代の玄宗皇帝と楊貴妃の悲劇的な恋物語をうたった、日本でも有名な詩です。この詩にある長恨とは長く残る恨み、死んでも残るほどの恨みのことでした。一方で「怨」は、一時的に生じるうらみと捉えられてきました。韓国でもそのまま受容されています。

こうした中・韓に対して、なぜ日本では、「怨」のほうがよりうらみが長く残ると感じられているのか。一つには「怨霊」という熟語の影響があると思います。霊やお化けの世界と結びついているために、うらみが死後も残り、よりパワーアップしている印象を抱くのではないでしょうか。もう一つ挙げると、「怨」は学校で習わない漢字だったのです。馴染みが薄いことが、より極端な意味を持っている、という感覚を掻き立てるのかもしれません。教科書に出てこない漢字は、同様に感覚的となることがあり、ロマンティックなイメージを帯びているというケースが「逢（う）」「淋（しい）」などに見られます。

そもそも中国・韓国では「恨」と「怨」との発音が異なります。中国では「恨（ヘン）」と「怨（ユアン）」。韓国では「恨（ハン）」と「怨（ウォン）」で、とくに前者はよく使われています。このように中・韓ではこの二つは似ているが別の意味を持つ漢字・語として区別されているわけです。

一方の日本はといえば、これら二つの漢字には先述の独自のニュアンスの差がある程度で、厳密な意味の区別は知られなく、また感じられなくなっています。音読みでは「怨恨《えんこん》」

とまとめられがちです。

結局のところ、漢字と大和言葉の対応づけは、必ずしも過不足なくできたわけではないのです。元々の中国語では区別があったのに、漢字を日本語の語彙の体系に組み入れたときに零《こぼ》れ落ちた意味がたくさんあるのは、互いの言語の違いから無理のないことでした。

韓国には「恨《ハン》五百年」ということばがあります。五百年たっても消えない恨みというものがあるということです。いまでも豊臣秀吉の朝鮮出兵が話題となるなど、過去を非難するのもこの心情に関わるものなのでしょう。そんな昔のことを……と思う日本人がいるかもしれません。しかし使ってきた漢字に如実に反映しているように、うらみに対して、韓国人と日本人は違う感覚を持っているのだという現実を、互いに理解し合うほかありません。過ぎたことは水に流そうという考え方や気質とは異なる部分もあるのです。

せっかく同じ漢字圏に属し、共通する点も少なくない隣り合う国々なのですから、それぞれの国の精神について理解を少しでも深めることができたらと思います。漢字の理解は、その大きな手がかりとなるはずです。

中国の漢字の現在

これまで話してきたように、中国は発音から漢字をつくり使っていく傾向の強い国です。とはいえ、外来語に漢字を当てる場合などに、意味を斟酌《しんしゃく》することはもちろんあります。

とくに商標の場合に顕著に表れます。ただし、意味の捉え方、そして漢字の当て方には、日本人とは大きな意識の差があるのです。ここからは中国の漢字の〝いま〟を少し見ていきましょう。

ここで、クイズのようなことをしてみましょう。以下の中国語は、誰もがよく知る食べ物ですが、何かわかりますか?

1. 熱狗(ルーゴウ)
2. 三明治(サンミンジー)

答えは、1がホットドッグです。いわば逐語訳をしたことがわかります。日本人の感覚からすると、ホットドッグが「熱い犬」だなんて信じがたいのですが、中国の人たちはほとんど何とも思わないようです。2は、大学生に聞くと、三食パンだとか、明治とあるのでチョコレートなんじゃないかと、やはり漢字の意味から推測する回答が多く出てきます。しかるに答えは、サンドイッチです。

発音は少し似ていますが、なぜこの食べ物らしからぬ字を当てたのだろうと不思議に思って調べると、ハワイ諸島のことをかつてはサンドイッチ諸島と呼んでいたんですね。少なくとも一九五〇年代に中国人がその島に、「三明治」を用いていたようです。地名としてならばこの音訳もありうると思われますが、それより前の一九三〇年代にすでに、食べ物のサンドイッチにこの漢字が使用されていました。清代末には「三堆之（サンドゥイージー）」と意味も音もより適した表現があったのに、どうしてこうなったのか、一つの謎となっています。

日本人のように、三と明治とに分析して考えるなどということを中国人はしていません。「サンミンジー」というひとまとまりの音があって、それに漢字をのっけてあると捉えるのが中国人の常です。この音訳は、「熱狗」の直訳のような意訳の対極にある方法です。

他にもいくつか、面白い中国語を紹介しましょう。日本から中国に入ったあるものに当てられた漢字です。やはり簡体字は日本の字体に直して示します。

3．寵物小精霊
4．楽天小熊餅
5．性感帯

3は、日本で大人気のキャラクター、ポケモンです。漢字が大袈裟すぎるように感じられますが、知り合いの中国の人たちに聞いてみたら、「いや、ぴったりの訳だ」と納得していました。どこがぴったりなのかというと、まず「寵物《チョンウー》」というのが「ペット」を指します。「寵」には「かわいがる」という意味があります。そして「小精霊《シアオジンリン》」の「小」は「小さい」、「精霊」には「モンスター」という意味があります。ペットのような小さいモンスター、イコールポケモンというわけです。そう聞けば確かにぴったりかもしれません。

4は比較的わかりやすいかもしれません。「楽天」は「ロッテ」ですね。「ラーティエン」と発音するように、もとの音に当てている。「小熊」がコアラのような動物を表します。そして「餅」が「マーチ」、かと思うとそうではなく、またモチのことでもありません。ビスケットのような小麦粉で作った平べったい食べ物を指します。月餅もそうですよね。つまりお菓子のロッテ、コアラのマーチです。日本の餅《もち》をイメージするとわからなくなりますが、「餅」は中国語の意味で選ばれた漢字ですから、誤解のないように注意が必要です。いい意味の字を用いてロッテを「楽天」と音訳したために、以前、困ったことが起きました。日本でネット上のショッピングサイトを運営している企業の「楽天」が中国市場に参入する際に、それらの漢字をどうするかという問題が浮上したのです。本物の「楽天」が入ってきたが、すでにロッテとしてその二字を使ってしまっているわけですから。

結局、楽天は「楽酷天」と表記することになりました。日本人の感覚だと、なぜ「酷」？　と思うかもしれませんが、中国では良い意味を持つ漢字となっているのです。英語の「ｃｏｏｌ」への当て字として「酷《クー》」が定着していたのです。

最後の5はいかがでしょうか。色々な想像が掻き立てられる漢字列かもしれませんが、

㲀

正解は、ジャニーズ事務所所属の人気アイドルグループ、Ｓｅｘｙ Ｚｏｎｅ（セクシーゾーン）です。

　これは中国の人たちにも、ちょっと微妙だと言う人がいました。それでも「性感」がｓｅｘｙの訳として定着しているため、あえて当てたのです。日本では、無茶な漢字の訳語は隠語かネット用語にとどまり、広くは定着しない傾向があります。中国語では正式な訳語として皆が使っているものに、こうした意外なものもあり、目にする漢字表現の差には大きいものがあります。

　中国のなかからも新しい漢字は生まれ続けています。最近インターネットを見ていたら、こんな漢字が流行っていると話題になっていたのでご紹介しましょう。

「㲀」です。上が「成」、下は「龍」の簡体字です。「ｄｕａｎｇ」と発音します。

　この漢字がつくられたきっかけは、日本でもお馴染みのアクション俳優、ジャッキー・チェンにありました。ジャッキー・チェンがずいぶん前に増毛剤のＣＭに出て、この増毛剤を使うと髪の毛が「ドゥアンドゥアンと増える」と言っていました。もちろん中国語でです。この「ドゥアン」ということばは、ジャッキー・チェンのとっさの造語で、漢字がない。しかしＣＭを見た若者たちの間で最近話題になり、使いたいと思う人が現れ、急速に増えた。そこで「ドゥアン」の字をつくってしまおうと、考えられたのが「㲀」です。

　中国語でジャッキー・チェンは「成龍」と書くのです。ジャッキーが使った言葉だから、ジャッキーの名の漢字を使ったというわけです。ジャッキー・チェン自身はこんな単語が流行るとは予想だにしていなかったので、困惑しているそうです。何が起こるかわからないものですが、ともあれ、人間が生きている限り、こうして新しい漢字が今後も生まれていく可能性は大いにあるのです。

漢字に対するイメージ

日本と中国では、漢字に対するイメージにも大きな差があります。

私はいま早稲田大学などでことばや漢字についての講義を行っていますが、最初に、私の講義を受講した理由を学生たちに訊きます。そうすると多い回答の一つが、「正しい漢字の知識を身に着けて、知的な社会人になりたいから」というものです。

最近は毎日のようにテレビでクイズ番組が放送されていますが、そこでは難しい漢字をすらすらと読んだり書いたりできるタレントが賞賛されています。逆に、漢字を知らない人は〝おバカ〟として笑われる。タレントとしてはキャラクターが確立できて良いのかもしれませんが、つまり日本人には、漢字イコール知的という共通認識があるようなのです。

とある深夜番組では、髪を白く染めた「ギャル」が、実は漢検（漢字検定）一級を持っていると発言して大きな話題となっていました。知的であるはずの漢字を、一見、そうは見えなさそうな「ギャル」が知っている、そのギャップが面白かったのでしょう。

しかし中国には、日本人が抱くような漢字すなわち知的というイメージはほとんど存在しないそうです。中国の人たちに、「漢字をたくさん知っている人というのはどういう人だと感じますか」と聞くと、「漢字をよく知ってる人」という、そのままの返事が返ってきました。単純により広く「知的な人」や「頭がいい人」とはならないようなのです。

漢字イコール知的という意識が日本で一般化している背景には、日本には漢字以外の文字としてカタカナ、ひらがなが存在していることも影響していると考えられます。漢字は真名つまり本当の文字とよばれたことはすでに述べたとおりです。中国には正式な文字は漢字しかないわけですから、文字といえば漢字（ローマ字は基本的に現在において外国人と子供用の文字）で、漢字が書けるのは現在ではほぼ当たり前のことなのです。しかし日本では、漢字を知らなければ、ひらがなに逃げることができる。ひらがなの語を漢字に変えると格調が高くなる。選択肢の多さによって、漢字の地位が相対的に高くなっているともいえます。

面白いことに、漢字をよく知っている人は賢い、頭がいいといった日本人の意識は、すでに平安時代の『枕草子』や『紫式部日記』などにうかがうことができます。漢学の素養への需要も、知識の量も質も、そして漢字自体も変化を続けていますが、日本人の漢字に対する知的なイメージは、基本的に千年以上も変わっていないのです。

それから、大学生の受講理由として多いのが「漢字が好きだから」というものです。漢字が好きだという人はたくさんいます。漢字に極端な苦手意識を持つ人や漢字が嫌いだという人もいますが、漢字好きを超えて漢字マニア、漢字オタクと称する人もかなりいます。

しかし、中国人には、漢字に対して好きとか嫌いとかいう発想がほとんどないようなのです。中国人留学生に聞くと「好きでも嫌いでもない」という答えがよく返ってくる。要するに漢字しかないのだから選びようがなく、好きも嫌いもないのです。やはり日本はひらがななどの比較対象がある分だけ、漢字に対する好き嫌いが相対的に生まれ得るのだと考えらえます。好きという感情は、かわいい、かっこいいといった感覚的な評価とも関わることです。

魚偏の漢字

あまたある漢字のなかでも、とりわけ漢字好きの人の心を捉えるのが魚偏の漢字です。

講義を受ける学生のなかにも、「魚偏の漢字を覚えるのにハマってから、漢字が好きになった」という人が少なからずいます。魚偏の漢字にはえも言われぬ魅力があるようです。やはり、意味を見出すことができるからでしょう。水中に生き、ときに食用となる特徴をもった魚たちの名は、もちろんカタカナやひらがなで書くことができます。しかし、それらの使わなくてもすむ漢字まで覚えたくなる衝動に駆られる人は一定程度いて、漢字で書けると「凄い」と讃えられます。

鰆 鰒 鰍 鮗

私の研究室にもしばしば、テレビ局や制作会社の方から電話がかかってきます。何だろうと思って尋ねると、クイズ番組を制作しているというケースが多く、魚偏に春で「鰆《さわら》」、魚偏に雪で「鱈《たら》」だけれども、「夏」や「秋」はないのですかなどと聞かれるのです。

自分たちでも調べられそうなことでしょうが、テレビ向けの答えとしては、魚偏に夏「鰒」は「ふぐ」、魚偏に秋「鰍」で「かじか」、魚偏に冬「鮗」で「このしろ」といったところでしょう。「鰒」には「はえ」「はや」「はまち」「ふくべ」「ふくらぎ」「かつお」「わかし」などいろいろな読みが与えられてきましたが、江戸時代にはフグと読ませることがありました。「鰒」という漢字が「腹」に似ていて、フクとも読めることによりフグとなり、その旁《つくり》が「夏」に変形したものです。ちなみに「鮗」と「鱈」はまちがいなく国字です。

以前、こんな出演依頼も来ました。京都大学出身の芸人で、クイズの得意なロザンの宇治原史規さんと漢字対決をしてほしいと。漢字の記憶量で誰が勝つとか負けるとかに興味を持ってくださる時間があるなら、新しい漢字の用例を一つでも探索するなど漢字の真の歴史を知ることにエネルギーを充ててほしいと願うのですが、こうした漢字クイズ番組は、視聴率が取りやすいのだそうです。二時間にわたる筆順対決の審査員なども、一問一答では収まらないことなのでお断りしました。漢字は私たちの教養の代表なのだという意識が、視聴者のなかにも広く根付いているのだろうと思われます。

それから、こうした番組を見る方は、テレビを通して「正解」を知りたいという気持ちが強いのだろうとも想像します。

しかし、これまで話してきたように、漢字にはいまだ明らかになっていないことも多いですし、漢字自体が変化し続けているわけですから、必ずしも唯一の正解というものがあるわけではないのです。「鰒」には歴史上様々な読みが用いられてきたにもかかわらず、特定の「正解」だけが世に流されている状況に、懸念を抱くことがあります。

私自身も漢字を研究と関心の対象にすえるうちに、いつの間にかたくさんの漢字を覚えました。漢字をたくさん知っていること自体は研究に役立ちますし文化の理解、文字や文章の読解などにもつながり、凝り固まらなければ悪いことではないと思っています。けれども私の場合は、覚えること自体よりも、なぜこうなっているのだろうと考えて、その理由や背景を追究していくことのほうが、より楽しく、意義も感じられたのです。なぜ、どうして、が出てくる。その結果、漢字検定の最上級をとり続けることだけを目指して漢字を覚えるというようにはならず、また丸暗記自体が目的化することはありませんでした。

かつて世の中にはこれだけ漢字をたくさん知ってる人がいるのだから、研究者も大勢いるのだろうと思ったものでしたが、意外なことに、そうではありませんでした。

この本を読んでくださっている方には、漢字を覚えるだけではなく、「なぜこうなっているのだろう」と考える機会や習慣をもっていただければと願っています。そこから生まれる新たな発見が必ず待っているはずです。

ちなみに大学生のなかには、「鱈」(鱈)という字を、「チー鱈」、つまりチーズ鱈ですが、酒のツマミに適したその渇き物の商品名で覚えたという人が多数いました。あるいは、冬の鍋のシーズンに、スーパーで見かけて覚えたという人もいます。(常用漢字)表外字の「鱈」はチーズ鱈などでこうしてかろうじて覚えられていますが、いまや中国の人びとの方がタラを日常でよく食べるようで、この字を我がものとしてよく使うようになりました。発音は雪と同じ「シュエ」です。こういう動きのある事実のほうこそ、テレビ番組で紹介、解説を放送してほしいものです。

このように、生活のいたるところに、漢字を覚えさせてくれる「教科書」はあります。いま日本では、中学、高校までに、二千字余りの漢字を教えられることになっています。しかし、漢字を学ぶのは何も学校教育のなかだけではない。常用漢字の範囲を超えてふだんの生活(文字生活)のなかで自然に漢字を学んでいくのも、素晴らしいことだと思います。そのとき、漢字のみならず、たとえば旁などからその旬の季節など他の事柄と一緒に知ることができれば、その知識はより豊かさを増すでしょう。

当て字は乱れ?

漢字に対して実は柔軟性ももつ日本人は、概して当て字も好きなようです。私も小学生のときから興味が湧いていていて、五年前に『当て字・当て読み 漢字表現辞典』(三省堂)を出版しました。普通の辞書にはまだ載らないような当て字を中心におよそ考えられるさまざまなメディアから集めて載せたものです。いまでもときどき、どなたかが、こんな変わった面白い辞典があるぞとツイッターでつぶやいてくださっては、急にAmazonで品切れになったりして、現代のSNSの威力に大変驚かされます。

たとえば「本気」と書いて「マジ」と読むとか、第一章でも述べた「秋桜」と書いて「コスモス」と読むとか、暴走族などが使う「夜露死苦」と書いて「ヨロシク」だとか、漫画、歌謡曲、あるいは、ある特定の集団で使われている当て字の類を、集められるだけ集めてみた辞典です。辞書の編纂というのはある種の中毒性があるようで、始めると苦しい中にも楽しさが生じ、周りに助けられつつ二年がかりでやっとまとめました。こうした実例の記録をいまの人たちに一覧して示すこと、そして後代に残すことも研究者の責務だと考えています。それに情報を加えるために調べていると驚くことばかりでした。ブルースの女王と呼ばれた淡谷のり子さんは昭和一桁の時代から歌っていて、その時代からすでに「運命」を「さだめ」と読ませる読み方が使われていました。日本の趣ある当て字は小説ばかりでなく、歌謡曲とともに育ったともいえます。

一番驚いたのは、TWO‐MIX（トゥーミックス）というユニットの曲の歌詞に出てくる当て字でした。「悲観的現実主義者」。これ、何と読むと思われますか？　カラオケなどでも確認したところ、きちんと読み仮名が振ってありました。

因囚

これは「おとな」と読みます。外来語の読みがあるのかなと、想像されがちですが、全然違いました。中学二年生くらいの人が発想しそうな当て字ですが、歴とした大人がつくった当て字です。なるほどと思わなくもありません。

もともと、「大人」の二字を「おとな」と読むのも当て字です。本来的には「たいじん」あるいは「だいじん」と読むところを、二字をまとめて意味から「おとな」と読ませている。必要な語への表記は、意味を含めて大勢にしっくりきたら、日本ではたいてい根付きます。

次から次へと当て字は生まれてきます。いまどきの女子高生や女子中学生は、プリクラなどにこう書いています。「因囚」。因習に囚われている人のことだろうかと、最初、思ってしまいがちですが、違います。そう書いている女子生徒にとって、国がまえは丸囲みと同じくただの飾りで、つまりこれも「大人」のことなのです。国《くに》がまえを書くのは、カワイイからだそうです。他にも「仲仔」と書いて、仲のいい（イイ）友達「なかこ」（なかよしとも）を意味する表現も彼女たちの間で定着しています。「仔」は動物の子の意味をもつ字でしたが、「イ」が付くことで「子」が細くなってカワイイ、と評する女子もいます。なんとなくわからなくもない感覚です。女子生徒たちは〝カワイイ〟を物差しに、様々な漢字表現を生み出しているようです。

こういう新しい漢字による表現を、日本語の乱れといって非難する向きもありますが、私はもうこれは一つの文化として認めるしかないと思っています。日本人は長きにわたって漢字に多様性を生み出し、受け入れてきたのですから、その流れの延長線上に、こうした女子生徒の展開する漢字もあると認めるのが自然でしょう。

それに、女子生徒のこうした漢字はおそらく仲間内にとどまる、一過性のものです。日本語全体を破壊する力はないのですから、目くじらを立てる必要はありません。「時計」「真面目《まじめ》」のようなものも初めは名も知れぬ誰かが考えたもので、様々な条件に適したために広まったのでしょう。むしろ楽しむことをお勧めしたいところです。こんなふうに漢字をアレンジする発想があるのか、この漢字はどんな効果を生んでいるのか、どう展開していくのか興味を持って漢字を眺める余裕ができたら、また新しい世界が広がることでしょう。

当て字については、思い出深い出来事があります。アメリカを米国、イギリスを英国、オーストラリアを豪州と書き表すように、海外の主要国には漢字の当て字がつくられています。フィリピンに「比」、インドネシアにも「尼」が使われています。私が中学生だった一九八〇年に、当時、当て字を持たなかったニュージーランドが、自分たちも国名を漢字一文字で書き表したいと、大使館がアイデアを募集しました。

私は当時、当て字を漢和辞典や国語辞典、漢字についての本からノートに集めていましたから、そのノートで確かめて、早速、葉書に書いて応募しました。私が送ったのは「新」

乳

です。ニュージーランドですから意訳と音訳で「新西蘭」とするものがあったためでした。数か月後、結果発表が載った新聞を見て、愕然としました。「秋桜」に次ぐショックで、それを送った多くの大人を疑いました。票数が一位となって決まったのは「乳」でした。酪農が盛んな国らしいとは思いますが、こういう字が選ばれるのかと驚きました。「新」はさほど人気がなかったそうです。

ニュージーランド大使はいい漢字に決まったと喜んで、各新聞社に今後は「乳」を使ってと伝えたそうです。「日乳関係」とか「乳首相」とか「豪乳貿易」とかいう文字が新聞に踊るのかと思うと、私は子供ながらに信じがたい思いがしました。「乳」の字から湧くイメージが、どうしても国名とは結びつかなかったのです。読者の皆さんは、いかがでしょうか。

そうしたら、本国から「待った」がかかったのです。それは当然、待ったがかかるだろうと思いますが、本国の言い分は、こうでした。ニュージーランドは今後、重工業製品を海外に輸出していきたい。それなのに、こんな字が日本で定着したら、酪農の国というイメージがますます定着してしまって困ると。「乳」を使う案はまたたく間にお蔵入りになってしまいました。

「新」にしておけばよかったのにと、当時は不満でしたが、シンガポールが音訳で「新」を使うことがあるので、やはり難しかったとも感じています。結局、新聞などでは、ニュージーランドは「NZ」と表記されています。当て字がなくても二文字だから、これで十分じゃないかと思う方もいるかもしれませんが、「日NZ関係」とはいえません。

つまり当て字がないということは、日本にとってみれば〝遠い国〟なのです。「普仏戦争」のような表現もあるように、漢字で表現できるからこそ一語化もでき、熟語にすることで距離が縮まり親近感が湧くという効果が確実にあります。「日米同盟」という表現には、アメリカとの関係を深く感じさせる力があり、関係を深めた国同士であることを代弁する力さえももつようです。

ここまで見てきたように、日本人にとって当て字は、良し悪しは別として重要なものだといえます。だからこそ、漢字をうまく当てる試みが絶えないのです。

位相文字

先ほどお話しした、女子高生や女子中学生が使う文字も、「位相文字」あるいは「集団文字」とよぶことができます。特定の集団や場面で使われる文字ということです。

集団文字はさまざまな職業、趣味、信仰などをともにする人々の間に存在しています。大学単位でも存在しています。私が長年探し続けていながら、まだ、これぞ、という漢字を見出せていないものがあります。それは、「早稲田」の略字です。なぜ早稲田の略字なのかといいますと、三文字書くのが、とくに「稲」が少々面倒だというのもあるのですが、

一番の理由は、ライバル校といわれる慶應義塾大学に、一部で有名な略字が存在するからです。

慶應（応）は確かに画数が多いですから、略字を書きたくなるのもわかります。慶應の略字は「广K广O」です。この二文字すら面倒だと「广KO」と書かれることもあります。これは、一目で意味するところがわかり、かつ元の漢字の形と発音を捉えた心に残る略字だといえます。さらに「慶應」のイメージに似つかわしく、どこかスタイリッシュでさえあります。

かつて読売新聞の記者が調べた結果によると、この略字は、一九三六年にはすでに流行っていたことがわかっています。個人単位では、もっと昔から使っていたという可能性があり、その早さに感嘆します。

翻って早稲田です。「W十」は目にしましたが、あまりよくないので学生の頃考えてみました。それであるとき、ひらめいた。私が生み出した略字は、早と大をくっつけて一文字にした「昊」です。

私が喜び勇んで友人のM君にこの略字を見せたら、彼は一瞥して、「これは日大だよ」と言いました。なるほど、言われてみれば日大です。大きな発明をしたような気になっていた私の勢いは萎《しぼ》んでしまい、どこか悔しい思いを抱えたまま、すでに三十年余りの時が流れています。

大学で講義をもつようになってからは、毎年のように学生たちに問いかけています。い

广

圣

ろんなアイディアが出てはきます。例えば「广W广S广D」。しかしこれは慶應の影がチラチラしています。麻垂《まだ》れ（广）に建て物の意があるにはあるのですが。違うのが出てきたと思ったら、今度はそれら三字が病垂《やまいだ》れ（疒）になっていた、なんてこともありました。

やはりオリジナリティがあって、かつしっくりくる新字というのは、昨日今日で生まれるものではない。発生と洗練には相応の時間を要し、また定着するには、多くの人が必要とし、そしてしっくりくる納得感が不可欠だということがわかります。かくして、慶應に匹敵するようないい略字は、いまだ生まれていません。

読者の方で、これぞ、というものを思いつかれた方がいましたら、ぜひご一報をお願いします。早稲田らしさがにじみ出るような略字を、私自身も探し続けたいと思っています。

方言漢字

特定の集団で使われる集団文字があるように、特定の地域のみで使われる「方言漢字」も存在しています。テレビでは「秘密のケンミンＳＨＯＷ」と呼ばれる、都道府県ごとの特徴をアピールする番組が放送されていますね。ことばや食べ物といったさまざまな文化などと同じように、漢字にも豊かな地域性があるのです。駐車場で軽自動車用のスペースを示す「軽」を「圣」と略すのは熊本県だと放送していたそうですが、これは他の地でもありますし、放送を機に地元で「軽」に直してしまうところも現れたとのことです。

たとえば、「谷」という漢字があります。若者が集う東京の街「渋谷」でもお馴染みの漢字で、「しぶや」と読みますね。しかし関西では、これは「しぶたに」と読まれることが多いのです。大阪には「しぶたに」という地名や高校名もありますし、ジャニーズの関ジャニ∞《エイト》には「渋谷《しぶたに》すばる」というアイドルがいます。彼は大阪出身です。

つまり「や」というのは、関東の方言だったのです。関東では奈良時代から「や」ということばを使っていて、それにちょうど意味が合うと当てはめられた漢字が「谷」だったのです。派手さはないですが、これも方言漢字といえます。

電話帳と地名のデータを用いて、「谷」で「や」と「たに」という読みを含む名字と地名が、日本全国でどのように分布しているかを調べたことがあります。すると見事に、名字と地名は連動していて、東西にきれいに分かれていたのです（小著『方言漢字』に地図を示しました）。名字で最も「や」が多いのが秋田県で、反対に「たに」が多いのが島根県で、どちらの県も「谷」の九割以上を「や」、そして「たに」が占めていました。

ですから、「おおたに」さんは、西日本出身の可能性が高いと考えられますし、「おおや」さんに出会ったら、関東以東の人である可能性が高い。「渋谷」さんも大阪では「しぶたに」と読まれやすいそうです。名刺交換のときの話などに、一度使ってみてください。

ちなみに「渋谷」の「渋」の右下のチョンチョンチョンと打つ四つの点が、何を表しているかご存じでしょうか？　これは繰り返しを意味しています。憲法や漢文などで使われていた「益〻」「各〻」などの「〻」という繰り返し記号と同じものでした。元々は旧字体「澀」の異体字で「澁」と書いていたのを、より簡単にしたものが現在の「渋」です。

しかしこれを大学生に問うと、また真剣ながら面白い答えがいくつも返ってくるのです。渋そうな顔をしている、その表情や口元ではないか、さらには、渋谷のスクランブル交差点を表現しているのではないか、と。ここでも妄想が膨らんでいるのですが、漢字の歴史と渋谷の開発の歴史を照らし合わせてみれば、スクランブル交差点を表すことはなさそうだということがわかるはずです。若者の歴史感覚にはこういう面が見受けられ、大学の教員は彼らの知識を増やしたりつなげたり思考力をもたせたり、やるべきことが多いと感じています。

さて、「谷」と同じような方言性をもつ漢字としては、「藤」も挙げられます。関東では「トウ」と音《おん》で読むことが多い。佐藤さん、斎藤さん、伊藤さんなどですね。ところが関西では、藤原さん、藤本さん、藤井さんのように「ふじ」と訓読みする人が多いのです。古代の豪族、藤原氏の影響が西日本には色濃く残ったと考えられます。ちなみに下野国安《しもつけのくにあ》蘇郡《そごおり》佐野（現・栃木県佐野市）に移った藤原氏が佐藤を名乗り、加賀に移った藤原氏が加藤を名乗るようになった、といったことも伝えられています。

それから「中島」も、東西で発音が分かれる傾向をもつ漢字です。中島みゆきさんは「なかじま」と読みますが、「なかしま」と濁らない人もいる。中島美嘉さんという歌手がそうですね。彼女は鹿児島の出身です。一方で中島みゆきさんは北海道の出身です。西日本では音が濁ると汚いという感覚が比較的強かったようです。「山崎」を「やまざき」と読むか、「やまさき」と読むかにも、とくに姓では東西による相違が見られます。

こういうのも方言漢字だなと、と思わされたのが「強か」の読み方です。これをどう読みますか？　辞書的な正解は「したたか」ですね。ですが九州の人たちに聞くと「つよか」と読む人が多い。常に間違いだ、とはいえず、方言漢字ともいえると私は思います。

秋田県では「牛坂」というバス停を見つけました。「うしざか」と読みたくなりますが、「べこざか」とふりがなが付けてあった。なるほど、東北地方では牛はベコなんですね。これも方言による訓をもつ方言漢字と見てよいでしょう。

漢字にまつわることばで、岡山県と香川県以外で使われず、他ではほとんど知られてもいない方言があります。それは「うったて」で、たとえば「一」と書くとき、最初に力を入れて筆の入りができる。これを岡山と香川では「うったて」と呼びます。古くは各地で使っていたようですが、いまでは両県に限られています。物事の始めという意味でも使われていました。他県の人にはそもそも、「うったて」という概念があまりないと思います。漢字を書くときに「うったて」を意識しますか？　岡山と香川の人はとくに書道のときに強く意識するそうです。「うったて」を入れるかどうかは、筆跡鑑定で役立つこともありそうです。

佐賀県では「土」を「あげつち（偏）」と呼びます。雑な字や崩した字を「ちゃら字」「ちゃら書き」と呼ぶ地域もあります。こうした、特定の地域だけが使う方言や方言漢字についても、今後、さらに意識化していくための働きかけを行っていきたいと考えています。

閖

閖

方言漢字の一つに「閖」という字があります。

宮城県には「閖上町《ゆりあげまち》」という地名がありました。現在は市町村合併して名取市閖上になっていて、昭和三十年までは町でした。この漢字は方言漢字で、由来に関する話のなかにいくつかの、仙台藩主、伊達綱村がつくったという伝承が近世よりあります。「ゆりあげ」という浜辺の地名には漢字がなかった。では私がと、山寺から見下ろすと山門の中に海面が見えるということで、「閖」という字をつくったと伝えられ、比較的広まっています。

二〇一一年の三月十一日に起きた大地震ではこの地に巨大な津波が押し寄せて、甚大な被害を受けました。震災の前に私が訪れたときは、のどかで、海の幸が美味しい穏やかなところでした。

最近、集中講義を行った東北大学の方々とその地を訪ねましたが、復興への道のりの長さを痛感させられるとともに、そのあまりの光景に悲しみが抑えきれませんでした。

方言漢字の「閖」ですが、漢字の研究をしているなかで、あるとき、千年余り前の中国

澇

の漢字辞書で同じ形の字を見つけました。元々は「澇」という字で、その意味を調べたら、大波、そして水による災害という意味が出てきました。

実は、現在の閖上一帯は、千年以上前も貞観地震で大きな津波に襲われていたのです。もしや過去の津波の記憶を伝えるために、あの場所の地名に「閖」の文字が使われのではないか、そういう可能性を感じるようになりました。「閖」の漢字をつくったのではなく、字の意味を考えた上で選び出して当てがった可能性があるのです。

しかるに誰も、「閖」が含む字の意味を汲み取ることをしてこなかったようです。日本人は漢字から意味を読み取るのが好きなのに、漢字が発してくれていたかもしれない警告を、見落としてきたのでは、と自省しつつ思い至りました。

研究者は、知ることの喜びを大きな支えとして研究をしているわけですが、やはりそれだけではいけません。知見を確認して社会に発信していく必要もあるのです。山ほどある文字資料の中にある漢字から、しかるべき意味を見出し、それを後世に伝えていかなければならない。「閖」の一件は、そうした使命を痛感させました。

「澇」から「閖」への変化については、中国でわかりやすく形声文字から会意文字につくりかえられたのだと考えられます。門のなかにまで水が入ってくる、その恐ろしさを、「閖」という一字に託したのでしょう。

竏　竓　丨

当て字は、前に述べたとおり新しいものも広まりを見せています。一方、一番新しくできて多くの辞書に載った国字は、明治時代につくられたものです。たとえば「竏」「竓」という字で、キロリットル、ミリリットルを表します。「立」をリットルに当て、応用したものです。「竡（ヘクト〈百〉リットル）」、「粍（ミリメートル）」などはそれに先立って一八九一年に中央気象台（現在の気象庁）によってつくられました。

辞書に載っている国字のなかでは、これらの当て字ともよべる字が最新のものだろうと思います。つくられてから百年余りは経過している。その後も新しい国字がつくられてはいるのですが、辞書に載るまでにはなかなか至らない。新しい国字ができても、使われて普及しなければほとんど辞書には採用されず、辞書に載らなければ、後世に広くは伝わらない。結局、漢字を生かすも殺すも私たち次第だということがよくわかります。

辞書に載ったものの、あるときまではほとんど忘れていた漢字が、何かの折に急浮上することもあります。

最近インターネットを見ていたら、中国の人々の間で、ある漢字が話題になっていました。こんな漢字があったのか、知らなかったと。それが「丨（コン）」です。中国語では「グン」のように発音する。中国版のツイッターでは、こんな簡単な漢字を学校が教えないなんて何をやっているんだ、などといった批判が溢れていました。

実際に、この漢字は存在するのです。二千年近く前、後漢の時代（西暦一〇〇年）に許慎によって編まれた『説文《せつもん》解字』という辞書に確かに出てきます。この『説文』によると、上から下に書く場合は「タイ」と読んで、「退く」という意味になる。反対に、下から上に書くと、「シン」という読みになって、意味は「進む」に変わる。これは、篆書ではありますが、漢字の筆順に言及した中国最古の記述でもあります。

ただ中国ではつくりっぱなしで、文献上での用例がほとんどなく、ほぼ辞書に載っただけで終わっていた「丨」ですが、実は日本人はときおり使っていました。辞書に載っているからには使ってやろうという意欲が、日本人にはしばしば見てとれます。

とりわけ戦前は、人名に用いる漢字として人気がありました。「丨」と書いて「すすむ」と読ませるのです。昔の名簿などを見ると、「丨」さんをあちこちで見つけることができます。さらにびっくりするのは、『説文』における意味と筆順をきちんと踏襲して、下から上に書いているという人が実際にいたことです。当然のことながら、書かれた漢字に、書き順はほぼ表れないわけですが、きちんと書き順を守るというところに日本人の律義さが垣間見えます。

私の教え子にも、この字を使った名前の親戚のおじさんを知っているという学生がいました。ただ、「すすむ」ではなく、「丨一」と二つ書いて「たていち」と読むのだそうです。そして彼女が言うには、その方は縦書きでは「丨一」と書き、横書きになると「丨丨」と「一」を二回書いているというのです。

長音符ならともかく、そんなはずは……縦書きと横書きとで漢字の向きを変えていいものかと思いますよね。しかし、おじさんはそうしている、とまじめな顔で語っていましたから、実際そうなのでしょう。戸籍の書式は縦書きのみですから、横書きは、自分でこうしようと決めれば、そうできるのかもしれません。

「｜」の例からは、中国の人が蒔いた種を日本の人々は大切に育て、さらに亜種のようなものまで生み出していく、そんな自由で活発な漢字使用の歴史の一端を読み取ることができます。日本人は、正しい漢字を書かねばならないとか、筆順（書き順）を守らねばならないといった規範意識を強くもつ一方で、新しい漢字表現を次々と生み出してしまう大らかなところもあります。この二面性も、日本人の特徴であると考えられます。そして、これも用いようによっては強みとなり、また弱みともなるのです。

子供の名付け

漢字が変わる、漢字を変えるということを中心的なテーマとしてこれまでお話ししてきましたが、私たちが漢字の変化を最も身近に意識するのは、子供の名前に接したときのようです。

第三章でも触れましたが、上の世代の意識や感覚からすると驚くような名前の子供が、いま続々と誕生しています。珍しい名前は、キラキラネームなどと呼ばれたりもしています。名前に使いたいという漢字の種類も増えてきているため、こうした人心の変化に対応して、法務省は人名に使える漢字を何度も追加しています。

最近、子供の名前に使われることが増えてきた漢字は、「憂」です。例えば「美憂」ちゃんですが、「憂」の中心的な意味を考えると、子供の名に付けるのはどうかなと疑問に感じることでしょう。なぜ親御さんは「憂」を付けたのかをうかがう機会があったのですが、兄がやんちゃなので、次の子には、憂いをもった子に育って欲しいという願いを込めて付けたのだそうで、そういう理由もあったのかと思ったものです。

それから、よくあるのは画数の問題です。姓名判断は実は日本で明治時代に原形が生まれ、昭和になってから流行したものにほかならないのですが、いまなお、名付けの際の指針にする人は少なくありません。「優」を付けたかったのだけど、「吉名」には二画多いから「憂」にしたという話も聞きます。また、「憂」と「優」との区別がつかず混同している人も見かけます。

「汰」を使う名前も増えています。なぜ「太」ではなく「汰」なのか。当人に訊ねてみたところ、太らないようにという願いが込められているとのことで、これは新しい用法だなと感心しました。言霊ならぬ文字霊がやはり信じられているかのようです。

十年余り前に人名用漢字を決める法制審議会の人名用漢字部会に幹事として参加するなかで、私が調べて印象に残った事例をいくつかご紹介しましょう。

腥

一つは、「腥《せい》」を子供の名前に付けたいという親御さんが何人もいたことです。生臭いという意味の漢字です。豚の霜降り肉という意味もあります。月偏《つきへん》ではなく肉月《にくづき》（肉を表す部首）ということを知らず、「月」と「星」から成り立っていると勘違いしているのではないか、と思われるものです。「腥」は人名用漢字に入りませんでしたので、いまのところ実名に付けることはできず、ペンネームやハンドルネームでの使用にとどまっています。

先に、子供の名前として使いたいのに、使えなかった字の一番人気だったとお話しした「苺」ですが、この漢字をめぐってもさまざまなことが起きています。「苺」と書いて「もも」ちゃんという子がいるそうです。何か深い意味が隠されているのかと思ったら、親御さんがこの字を「もも」と読むと思っていたとのことで、意味よりイメージが先行することまで起きています。

「苺」を三つ書く名も現れています。「まりなる」ちゃんと読むそうです。意味はとくにないのだけど響きが好きで、「まりなる」と付けたかったのだそうで、どんな漢字がいいかと考えて、苺が好きだから「苺」にした。ただ、一字だと足りないと、三字になったということでした。非常に珍しい名前と熟字訓かもしれません。

「一二三」と書いて何と読むか。「ひふみ」ちゃん。この名前の人は、昔から少なからずいました。一つずつ、着実に増えていく感じがしますね。

ところが最近、「わるつ」と読ませる人が増えてきています。音楽一家にも多いそうです。

熟字訓として、「一二三」を「わるつ」と読むことはできると思います。しかし、ワルツだと増えていくイメージよりも三拍子が繰り返されるイメージを思い浮かべるかもしれません。子供に望むもの、託すものも変わってきているようです。

逆に数が減っていくお子さんもおいでだそうです。「三二一」。これは、何と読むかわかりますか？　親御さんがディズニー好きだそうで、「ミニー」ちゃんです。片仮名と似ていますが漢字の方がよいのでしょう。ミニーちゃんはかわいいし、赤ちゃんもきっとかわいいことと思います。「幹益《ミッキーマウス》」「今鹿《なうしか》」「光宙《ぴかちゅう》」と読ませる名もあります。

漢字が時代とともに変わるように、それを用いた人名もまた、変わっていくのが歴史の証明する世の常ではあります。個々の名の良し悪しを言うつもりはありません。しかし、自分ではなく一人の人の名前として、本当に適しているのかを、名付け親はじっくり考える責務があります。個性は大切だけれども、子供はやがて大人になり、長寿社会の中で老人になる。学校で心ない人から、字を見てからかわれたりしないか、おじいさん、おばあさんになって、呼ばれてどう感じる名前か、生涯にわたってふさわしい名前なのかと、想像する力が問われます。

そしてもう一つ大切なのが、一定のセンスと教養でしょう。子供に付けようとしている漢字には、どのような意味があるのか。自分が知っている目の前の意味や感覚だけではなく、できれば、日本語と漢字、そして命名の長い歴史に、少しでも思いを馳せてみるとよいでしょう。偏った字源説や古代の一つの用例を気にする必要はむしろありません。そうした心がけや余裕から、新たな気付きや発想が生まれてくる、と私はそう信じています。

抜き漢字

日本の漢字は種類が豊富で用法にも多様性があって、さらに、ひらがなもカタカナもローマ字も絵文字もあって、一見飽和状態にあり、もう完成しているようにも感じられます。しかし、実態としては、まだ足りていないようです。表記の体系の中身を一つひとつ見れば、小さな隙間がいくつでも見つかるのです。その証拠に、私たちは日々、新たな書き方を生み出しています。

たとえば「憎い」という言葉があります。『新明解国語辞典』（三省堂）という日本で一番発行部数の多い国語辞書を開くと、かつての版では「相手（の存在）がたまらなくいやで、出来るなら抹殺したいくらいだ」とまず書いてありました。穏やかではない表現が出てくるくらいの恐ろしい感情ではあります。

ところが我々は、面白いことを言った人や、上手いことを言った人などに対して、褒め言葉として「にくいね」と言うこともあり、この辞典にも②として説明されています。そうした「にくいね」を表記するときに、「憎いね」ではどうもしっくりこない。よって漢字を回避して「ニクイね」とカタカナで書くことが小説やＣＭなどであります。

性

こうした表記を、私は「当て字」の逆のものとみて、「抜き字」「抜き漢字」と名付けました。適当な漢字がない、あるいは、漢字はあるが、その意味やニュアンスにはどうもぴったりこないときに、漢字を回避するということを、我々は無意識にやっているのです。

他にも、「彼はてきとうなやつだ」と、いい加減という意味を込めて使うときに、「適当」と書くのは、少し違和感がありますよね。だから「テキトー」とカタカナで書き分けることが多いのです。「テキトー男」として大人気の高田純次にも、ほとんどカタカナが使われています。こうした方法は応用されつづけています。

梅雨の時期に咲く「あじさい」には、「紫陽花」という美しい漢字がありますが、ひらがなのほうがいいという人がけっこういます。あじさいにはピンクもあればブルーもある。「紫陽花」という漢字は紫色に限定しているようで嫌なのだそうです。なるほど、漢字には意味を特定して示す働きもあります。大げさに感じられて、しっくりこないとも言います。それらを避けるためにも「抜き漢字」が使われることがあるのです。

本来の意味からズレて使われるようになった言葉もあります。

たとえば「性癖」という単語は、元々は、孟子の性善説の「性」であり、その人が生まれつき持っている癖という意味です。しかしいま、テレビなどのバラエティ番組などでは、痩せている人が好きだとか、脚が好きだとか、専らフェティシズムのような意味合いで使われています。これは、「性癖」という漢字の組み合わせ方自体が、フェティシズムを連想させるということもあるのでしょうが、フェティシズムに当たるぴったりの和語や端的な漢語が存在していないことが背景にあると考えられます。

要するに、日本語の体系や文字体系の機能はほぼできあがっているのだけれど、どこにも要素の隙間がないかといえば、そうではない。編み目の抜けている部分は個々の語や表記にはたくさん残されているのです。しかもそれらは常に変化にさらされています。

上司に挨拶する場面で「お疲れさま」と言うのはどうなのか、という議論が以前からありますね。目上にねぎらいのことばなど失礼ではないかと。とはいえ、他に適切な表現が見つからない。日本語は、そして漢字は決して完全ではありません。そして抜けている穴を埋めていくのは、文部科学省でも研究者でもなく、今を生きる我々一人ひとりなのです。

漢字は禁断の果実だった

日本の漢字は多様性に満ちていて魅力的である。しかし、同時に、漢字は発達段階にある。これは日本語についてもいえることで、実は日常使われているどの言語でも同じです。完成した言語があるとしたら、それはもう、生活においては使われていない言語です。様々な経験をしながら成長し、円熟していく私たちが生きているからこそことばも文字も変化し、次に何が起きるか予測がしがたいという面白さもあるのです。

実際に、漢字が変化していく過程を、この本では辿ってきました。そしてこれから漢字を変化させていくのは、我々一人ひとりです。もっと良くしていくのも悪くしていくのもすべて私たち自身なのだという自覚を持つ必要があります。一人ひとりの力は弱いですが、名が伝わる人、伝わらない人の区別なく、その一人の力が集まってここまであらゆる歴史を動かしてきたこともまた事実です。

中国人がつくった可能性に満ちた文字である漢字を、日本人は尊敬の念を込めながら受け入れて、硬さと愛着を感じながら自分たちに合うように存分に改良を重ねてきました。表意文字であると同時に表音文字としての面も持つ、複雑な形と機能をそなえた漢字は、感受性が豊かで情緒的で、あらゆるものに命すなわち魂を見出そうとする日本人にとっては〝禁断の果実〟であったと、私は様々な変容の跡を追ってきて考えるに至っています。

日本に初めに古代インドの表音文字である梵字が入ってきていたならば、あるいは最初からローマ字が入ってきていたならば、私たちはもう少し苦しまずに済んだかもしれない。しかしその分、読んだり書いたりする際の愉しみもまた少なかったことでしょう。

漢字の本家である中国の人々は、漢字と意外なほどドライに付き合っています。それを受け入れた日本人のほうが、ここに意味やニュアンスが、ここに心がと、愛情にも似たこだわりをもって漢字と接しているように見えます。もはや漢字は、日本人の血となり肉となったかのようです。やはりこれには、日本人の心と深く結びついている大和言葉を、訓読みを介して漢字と結びつけたことが大きかったのでしょう。

これからも日本人が、難しさと愛着を感じながら、漢字を使い続ける限り、誰もが予想もしなかったような変化が生まれてくることでしょう。それを私は見守り記録し、研究していきたいですし、皆さんも当事者としてときに真剣に見つめ、ときに楽しんでいっていただきたいと思います。

最後にお伝えしておきたいのは、自由と放埒《ほうらつ》の間には違いがあるということです。日本人が持ち前の柔軟性と発想力で、自分たちのよりよい表現のために漢字を変化させていくのは素晴らしいことです。けれども、過去を踏まえない自由は、放埒に陥りかねません。各人の感覚だけに頼っていくと、好き勝手、いじり放題になってしまう。それが進むと、相手とコミュニケーションを行うための漢字が独りよがりの道具になっていき、本来の社会的な機能を果たせなくなってしまいます。その危機は、実は逆に各人が漢字に対して柔軟性を失い、几帳面になりすぎることでも起こってしまうのです。

何事も自由には責任が伴います。漢字をますます豊かに、私たちの心の奥底まで表現し相互に伝えうる文字にしていくためにも、漢字の魅力とともに、ことばと文字の長い歴史や多彩な文化、そして文字に向き合うための姿勢について、一人ひとりがこれからもできる限り考えていくことが大切なのです。

あとがき

この本では、日本の人々が自らのことばを書くために変形・変質させてきた「漢字」について、解き明かしてきました。すでに何冊かの本で、そうしたことに触れてきましたが、本書では「変化」という現象により強く力点を置いて記してみました。

この本は、さまざまな場所で話した内容をもとにまとめ直したものです。私は、本を書くと、狭いスペースにたくさんの事柄を盛り込もうとしてしまう性分で、いつも窮屈な文体になりがちなのですが、ここでは伸び伸びと、視点を変えて活字にすることとなりました。もちろん、活字にするにあたって、相当手を加えました。こうして形になったのは、集英社インターナショナルの田中伊織氏、そして献身的とさえいえる姿勢で臨んでくださった福田香代子氏のお蔭です。そして真摯《しんし》に書物を企画し、相談しながら編集し続けてきた皆さんと一緒に話をする中で知ったこと、気付いたことなどもたくさんありました。

「言葉は生きている」とは、よくいわれることですが、この素敵なフレーズは、言語というものを擬人化した表現にすぎません。レトリックはときに認識を歪めてしまうことがあります。ことばは、生きてなんていません。生きているのは、ことばの使い手である私たち自身にほかなりません。ことばが活き活きとして感じられるのは、生命力をもった私たちが活き活きと使っているからであり、ことば自体に生命などないことは、古代や中世などでなく現代に生きる私たちは、もっと明白に謳い上げてよいことだと思います。もし喩えるならば、「ことばは私たちが生かしている」、「ことばを生かしているのは私たちだ」と言うべきであり、そうすれば、ことばが勝手に変わる、自律的に変化するなんてことはないことを、常に意識し、使い手としての責任を一人ひとりが強く自覚することができるようになるでしょう。

同じように漢字も、まるで生きているかのように変化を止めません。改良されたり派生を招いたりし、さらには新字さえも出現します。その一方で、さまざまな変化の中で時代にそぐわなくなり誰も使わなくなったことで変化を終えた、死語と同様に死字と呼ばれる文字も確かに現れています。古代エジプトのヒエログリフは文字の体系全体がそうなりました。あらゆる点で変化を止めた漢字があるならば、硬直化し、その後の時代に合わなくなっていく恐れを抱えることになるのです。変化を止めれば死字となり得るのです。鑑賞品や骨董品のようになった文字は、やがて解読を待つ古代文字となるのです。そうして歴史上に残ったものはまだ良いほうだといえます。歴史にさえ残らなかった文字もたくさんあるはずです。

文字にまつわる変化は、漢字圏では避けがたいことでした。そうした大きな変更、あるいはマイナーチェンジを最新のものとして受け入れ、パソコンでいうと上書き保存を繰り返してきたのは、中国や韓国、ベトナムの人々でした。中国は広大な面積を持つため、地域による個性としてそれは方言文字など様々な形で残ることがありましたが、その社会の中ではやはり単一化への方向を辿りました。各国がそれぞれにそのような状況にあったわけですが、全く逆にその多くをいわば別名保存してきたのが日本です。そのことにより、古い要素が種々の細かなニュアンスのレベルの差となって残り、またそこから新たな派生、細分化も生じていきます。そうした時代、さらに地域、社会などに基づく枝分かれによって細分化された文字の要素は一層多様性を増し、他と競合、共存しながら新たな発展への可能性を秘め、ときにそれが独自のものとなって世に発現していき、それを繰り返す循環さえも引き起こすようになったのです。

漢字は、そのかっちりとした佇まいから不変の完成品と考えられがちです。したがって絶対の「正しい」答えもすべて完備されていると思われてしまうものです。漢字は、ある時点で変化をやめて完成し、それが日本に伝わってそのまま使われている、と思われがちなのですが、錯覚です。そうした人を惑わす〝魔力〟をも持ち合わせているのです。

人は年齢とともに成長しますし、老化だってするでしょう。その数十年の間でさえ、心の中は刻一刻と変わっていきます。次の世代へと緩やかにバトンタッチをしていく中で、世代間のギャップというものも必ず生じてくるものです。そうした人たちが寄り集まって集団ができます。個々人やいくつもの集団によって、さまざまな力学も加わりながら社会全体も変化していきます。そうして自身の環境が気付かないうちに少しずつ移ろっていくこともあるでしょうし、一夜にして激動することもあるでしょう。そうした状況に合わせて、人々が使うことばに変化が起きるのは自然のなりゆきです。それを表記し、ときに構成する漢字もまた、変化を免れたことなど当然ありませんでした。「乱れ」と評される現象から、未来の新しい表現が生まれてくることは、これまでにだっていくらでも起きていたのですから、この先もきっとあることでしょう。

時代とともに移り変わっていくことばや文字について「進化」と呼びたいという声もあります。これも生命力を認めたような表現ですし、進化には進化論が抱えてきたプラスと、ときにマイナスの評価のイメージが複雑に絡まり合っている経緯があるため、本書では使わないようにしました。

私は、専門を文字に絞り、対象もことばに限ったからには、文字資料としては量や質の違いはあっても貴賤を設けず、何でも好き嫌いなどせずに広く深く観察し、きちんと考察していこうと考えています。そしてできる限り一次資料に当たって精一杯研究し、日本はもちろん中国、韓国、ベトナムなどでも人々と交流し、先行研究も追いかけるようにしています。しかし、時間は有限であり、個人で解明できることには限界があります。研究者の責任として、その時点での最新の情報を公表することは、修正・更新すべき新しい情報を教えていただくきっかけともなるものです。本書は、一般向けに記したものですから、もしもより詳しく知りたい、もっと遡って考えてみたいという方、より専門的な内容を求められる方がいらしたら、さらに『国字の位相と展開』（三省堂）などの小著や小論に、参考文献や根拠などを多数示してありますのでご覧いただければ幸いです。

多くの人が「正しい日本語」を求める気持ちは尊いものです。とはいえ、「美しい日本語」と同様に、その個々の実態は客観性をもって正確に把握することなどできません。漢字を廃止することが、人々を自由にするという考え方がありました。しかし、少なくとも現代社会に生きる多くの人の心を捉えることはできていないようです。むしろ、漢字を自由に使いたい、交ぜ書きなど嫌なのに、政府が規制を加えているために、新聞やテレビなどでも使いたいように使えなくなっている、表現上の自由が奪われている、といった論調が強まってきているようにさえ感じられます。

私は、はからずもそうした公的な機関のさまざまな仕事に携わってきました。漢字は諸文化のみならず政治、経済などとも関わり、本質的に「標準」が設けがたい文字です。具体的な難問を目にするにつけ責務の重要性を感じながら、決して無秩序、野放図に陥らせてはいけない、しかしどうすれば人々のときに情感に傾く多彩な要望に応えられるのか、日本語と文字をつなぐ自由度の高い表記システムと個別の表記というものをどうしていくのがよいのか、それぞれの組織体が抱えてきた理念や体系性を考えつつも、研究してきたことを還元できないか、と自問自答する日々を送っています。我々が暮らす現代を中心としつつも、過去と未来に対してもまた余分な摩擦を生じさせずに、各人の表現、スムーズな伝達や読解が可能となるようにしなくては、そして少なくとも時代に適した変化というものの、息の根を止めるようなことはしないでおきたい、と考えています。

伝統を継承することは重要です。学生たちを見ていると、ごく一部を除いて、文中に旧字体があるというだけでもう圧倒的な「壁」が感じられ、また実際にそれで書かれた文章が読みたくても読めないという悲劇が生じています。また、コンピュータの時代にあって、かつては手書きならば類推できたような運筆によるだけの字形の差も、気になって仕方がないというエネルギーの浪費としかいいようのない事態まで散見されるようになりました。

漢字やことばは、常に少し古い時代のものが受け継がれるものです。それを継承しつつ、新しい時代に即した変更を加えていくこともまた不可欠です。それが、人々が生活しながらつくり上げている社会に適したものであれば、多くの人が自然に受け入れ、やがてそれも新たな時代の人々からは過去とか伝統とか呼ばれるようになることでしょう。歴史といえば大仰に聞こえますが、いつもそうした瞬間が一つひとつ積み重ねられてきたものでした。

本書で取り上げた、文字に種々の多様性があるという世界で唯一の特殊性をもつ日本語の呈する現実の姿は、まさに混乱状況にあるようにも見えます。しかし、それはより良い変化への可能性を秘めていました。新しい物事は、整然とした中から生まれるとは限らず、体系の中で要素が乱立する混沌とした状況の中からも創造されてくるのです。それだけに日々の暮らしの場面ごとに、最適な候補を選び出し使いこなせる力が問われます。そのためには、ときには漢字の細部まで分析し、ときには全体を鳥瞰する姿勢を身に着けることがきっと役立つにちがいありません。これからも、日本の人々が今なお苦悩しまた愉しんで育みつつあるそうした漢字のダイナミズムを、漢字を創造した中国などの状況と対比しながら、一つ一つの実例を通して感じ、また考えて頂ければ幸いです。

笹原宏之　ささはら　ひろゆき
早稲田大学大学院教授。博士（文学）。東京生まれ。
日本語と漢字について古代文字からギャル文字まで研究する。
早大大学院を退学後、国立国語研究所主任研究官などを務めた。
文部科学省の「常用漢字」、法務省の「人名用漢字」などの
制定に携わり、ＮＨＫ用語委員会の委員も務める。
著書に『日本の漢字』（岩波新書）
『漢字の歴史』（ちくまプリマー新書）
『当て字・当て読み漢字表現辞典』（三省堂）、
共編に『新明解国語辞典』第七版（同）などがあり、
『国字の位相と展開』（同）により金田一京助博士記念賞を受賞。

主要参考文献

阿辻哲次『図説 漢字の歴史』（大修館書店、1989年）
円満字二郎『常用漢字の事件簿』（NHK出版、2010年）
河野六郎『文字論』（三省堂、1994年）
河野六郎ほか『世界文字辞典』（三省堂、2001年）
金田一春彦『日本語の特質』（NHKブックス、1991年）
小林芳規『図説 日本の漢字』（大修館書店、1998年）
笹原宏之『日本の漢字』（岩波新書、2006年）
笹原宏之『国字の位相と展開』（三省堂、2007年）
笹原宏之『方言漢字』（角川選書、2013年）
白川静『新訂 字統』（平凡社、2004年）
杉本つとむ『文字史の構想』（萱原書房、1992年）
藤堂明保『漢字語源辞典』（學燈社、1965年）
野村雅昭『漢字の未来 新版』（三元社、2008年）
林 大ほか『図説日本語』（角川書店、1982年）
船山徹『仏典はどう漢訳されたのか』（岩波書店、2013年）
柳田国男『地名の研究』（古今書院、1936年）

知のトレッキング叢書

日本人《にほんじん》と漢字《かんじ》

二〇一五年一一月三〇日　第一刷発行

著　者　笹原宏之《ささはらひろゆき》

発行者　館 孝太郎
発行所　株式会社集英社インターナショナル
〒一〇一-〇〇六四　東京都千代田区猿楽町一-五-一八
電話　〇三-五二一一-二六三〇
発売所　株式会社集英社
〒一〇一-八〇五〇　東京都千代田区一ツ橋二-五-一〇
電話　読者係　〇三-三二三〇-六〇八〇
販売部　〇三-三二三〇-六三九三（書店専用）
印刷所　大日本印刷株式会社
製本所　ナショナル製本協同組合

ISBN978-4-7976-7307-4 C0081